初級

スマート
韓国語

金 京姫・金 成妍・姜 信一 著

ハングル能力検定試験5級対応

白帝社

凡例

- より効果的な学習のために音声ファイル(MP3)を用意しております。下記の白帝社サイトにアクセスしてみてください。
  http://www.hakuteisha.co.jp/audio/smart-korean.html/
  上記のサイトより音声ファイルがダウンロードできます。
- 本文中にある のロゴは、音声ファイル(MP3)が提供されているところです。

はじめに

『スマート韓国語』を手に取ってくださった皆さま、アンニョンハセヨ。

　韓国の文化や言語に興味のある方が増えてきたことは、たいへん喜ばしいことです。韓国を訪れたことのある人、また一度韓国に行ってみたいと思っている人もきっと、少しでも現地の人と片言でも韓国語で話してみたいと思うことでしょう。

　こうした韓国語を初めて学ぼうとする日本人の方々を対象に、初級韓国語の教材として企画されたのが、この『スマート韓国語』です。また、今まで韓国語にチャレンジしたものの、長続きせず諦めてしまったという人もいるでしょう。もう一度、この『スマート韓国語』でチャレンジしてみたらいかがでしょうか。

　私たち著者は、学生時代を含め長い間日本に在住し、「日本人にとって、最も接しやすい韓国語への誘い方法は……?」を、追求してきました。現在も大学で多くの学生を対象に、このテーマを実践していますが、これらの経験から「文法の説明をスマートに、解りやすく手ほどきすること」こそが、最も有効かつ近道であることを知ったのです。

　具体的には、韓国語のハングル文字の読み書きが自在にでき、簡単な基礎会話ができることを目標にしています。そのレベルは「ハングル能力検定試験5級」に合わせた内容で、各課ごとに検定試験出題問題を掲載し、検定試験にもスムーズに対応できるようにしました。発音編と会話編の二部構成で、発音編の第1課から第5課までは、発音しながら書くという反復トレーニングによって、ハングル文字が身に付きます。会話編の第6課から第16課までは、多岐にわたる韓国文化の紹介を縦糸に、その状況に則した日常的な会話文が、横糸として豊富に織り込まれています。更に、音声ファイル(MP3)を提供し、スマートフォンや音楽プレーヤー等の携帯端末器で、いつでも・どこでも音声のヒヤリングによって学習できることも、本教材の大きな特徴といえます。

　さあ、それでは『スマート韓国語』をご一緒に楽しく学習しましょう。

2014年2月
著者一同

目次

はじめに ……………………………………………………………………………… i
よく使う「あいさつ表現」 …………………………………………………………… v

第一部　発音編

序　韓国語の概要 ……………………………………………………………… 3
　1 韓国語のなりたち ……………………………………………………… 3
　2 韓国語の語彙 …………………………………………………………… 4
　3 韓国語の仕組み ………………………………………………………… 4
　4 ハングルの構成 ………………………………………………………… 6

第1課　基本母音字母 …………………………………………………………… 7
　1 単母音字母－「あ行」 ………………………………………………… 7
　2 重母音字母－「や行」 ………………………………………………… 9

第2課　基本子音字母① ………………………………………………………… 12
　1 平音 ……………………………………………………………………… 12
　2 鼻音・流音 ……………………………………………………………… 15

第3課　基本子音字母② ………………………………………………………… 19
　3 激音 ……………………………………………………………………… 19
　4 濃音 ……………………………………………………………………… 22

第4課　重母音字母－「わ行」 ………………………………………………… 26

第5課　パッチム ………………………………………………………………… 32
　　辞書の引き方 ……………………………………………………………… 38
　　発音のルール ……………………………………………………………… 39
　　初めてのリーディング …………………………………………………… 44

第二部　会話編

第6課　저는 기무라 아루미라고 합니다．私は木村有海といいます。 ……… 47
　　1. 은/는　は
　　2. 입니다/입니까?　です/ですか?
　　3. (이)라고 합니다　といいます

「スマート韓国語 初級」2刷正誤表

2023年4月19日

本書に記載されている内容に誤りがありました。心よりお詫び申し上げます。

14ページ 練習2 表中④
（誤）声 → （正）音

30ページ 日本語のハングル表記法 語頭の14行目

57ページ 和訳 ④
（誤）도 → （正）도

77ページ クイズ ①
（誤）店員：あれはシレギです。 → （正）店員：それはシレギです。

77ページ クイズ ②
（誤）이훈일은 중학생입니다. → （正）이준수는 중학생입니다.

97ページ 練習3 設問
（誤）이훈일의 누나는 선생님입니다. → （正）이준수의 누나는 선생님입니다.

102ページ 例のように「〜요」で終わる丁寧形の文を作ってみましょう。 →
（正）例のように語尾の表現をうちとけた丁寧形(해요体)に直してみましょう。

102ページ 時間を表すことば 4段目
（誤）재작년 昨年 → （正）재작년 一昨年

102ページ 時間を表すことば 4段目
（誤）올해 今年 → （正）올해 今年

［発音 올해］

第7課　국은 왼쪽이 아닙니다. スープは左側ではありません。 ………………………………… 51
　　1. 이/가 が
　　2. 이/가 아닙니다 ではありません
　　3. 이, 그, 저, 어느 指示代名詞

第8課　아저씨가 아니에요. おじさんではありません。 ……………………………………… 57
　　1. 을/를 を
　　2. 이에요(?)/예요(?)・이/가 아니에요(?) です(か)・ではありません(か)
　　3. 이(가) 아니라 ではなくて

第9課　지금 시간 있어요? 今時間ありますか。 ………………………………………………… 61
　　1. 에 に
　　2. 있어요(?)/없어요(?) あります(か)/ありません(か)
　　3. 位置を表す言葉、漢数字 (일, 이, 삼…), 疑問詞

第10課　춘천은 뭐가 유명합니까? 春川は何が有名ですか。 ……………………………… 69
　　1. 와/과 と
　　2. 에서～까지 から～まで(場所)
　　3. 습니다/ㅂ니다 ます/です

第11課　한국 문화를 배우고 있습니다. 韓国の文化を学んでいます。 ……………………… 73
　　1. 에게 (誰か)に
　　2. 지만 が、けれども
　　3. 고 있습니다 ～ています

第12課　귀엽지 않습니까? 可愛くありませんか。 ……………………………………………… 79
　　1. 지 않습니다/안～ 면서・～くありません
　　2. 에서 ～で(場所)
　　3. (으)로 ～で(手段)
　　4. 固有数字 (하나, 둘, 셋…)

第13課　어떤 음식을 좋아해요? どんな料理が好きですか。 ………………………………… 85
　　1. 아요/어요/해요 うちとけた丁寧形
　　2. 을까요?/ㄹ까요? ～ましょうか(勧誘)
　　3. (으)러 ～(動詞)に

第14課 송편은 어떻게 만들어요? ソンピョンはどのように作りますか。…………………………93
    1. (으)세요(?) ~てください/~られます(か)
    2. 네요 ~ますね/~ですね
    3. 変則用言

第15課 며칠 전부터 준비했어요. 数日前から準備しました。…………………………………99
    1. (이)지요(?) でしょう(?)
    2. 고 싶어요 ~したいです
    3. (았)었 過去形

第16課 따뜻해서 맛있을 거예요. 温かいので美味しいと思います。………………………107
    1. 아서/어서 ~ので、から
    2. (으)ㄹ 거예요 ~でしょう、~つもりです
    3. (으)면 되다/안 되다 ~ればいい/~てはいけない

付録
1. 語尾活用のまとめ……………………………………………………………………………116
2. 助詞・疑問詞のまとめ………………………………………………………………………118
3. 助数詞のまとめ………………………………………………………………………………120
   ❏ 固有数詞に接続する助数詞………………………………………………………………120
   ❏ 漢数詞に接続する助数詞…………………………………………………………………121
4. 学習単語のまとめ……………………………………………………………………………122
5. 解答編…………………………………………………………………………………………134

ハングル発音表……………………………………………………………………………………138
ハングル文字(カナダラ)表………………………………………………………………………139

よく使う「あいさつ表現」

パンガプスムニダ **반갑습니다.** お会いできてうれしいです。	イ・ホイル・イラゴ・ハムニダ **이 호일이라고 합니다.** イ・ホイルといいます。
チョウム・ベッケッスムニダ **처음 뵙겠습니다.** はじめまして。	チャル・オショッスムニダ **잘 오셨습니다.** ようこそいらっしゃいました。
アンニョンハセヨ **안녕하세요?** こんにちは。 アンニョンハセヨ **안녕하세요?** こんにちは。	アンニョンイ・カセヨ **안녕히 가세요.** さようなら。(送る側) アンニョンイ・ケセヨ **안녕히 계세요.** さようなら。(送られる側)
アンニョンイ・チュムセヨ **안녕히 주무세요.** お休みなさい。	アンニョンイ・チュムショッソヨ **안녕히 주무셨어요?** ゆっくりお休みになられましたか。
カムサハムニダ **감사합니다.** ありがとうございます。 チョンマネヨ **천만에요.** どういたしまして。	ミアンハムニダ **미안합니다.** すみません。 ケンチャナヨ **괜찮아요.** 大丈夫です。

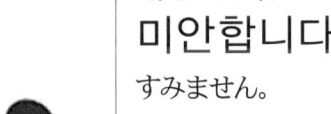

チャル・モッケッスムニダ 잘 먹겠습니다. いただきます。 マニ・ドゥセヨ 많이 드세요. たくさん召し上がってください。 	マシッソヨ 맛있어요. おいしいです。 チャル・モゴッスムニダ 잘 먹었습니다. ごちそうさまでした。 
オレガンマニエヨ 오래간만이에요. 久しぶりです。 チャル・ジネショッソヨ 잘 지내셨어요? お元気でしたか。	ト・マンナヨ 또 만나요. また会いましょう。  ト・ベッケッスムニダ 또 뵙겠습니다. また会いましょう。
シルレハムニダ 실례합니다. 失礼します。 オソ・オセヨ 어서 오세요. いらっしゃいませ。 	タニョオゲッスムニダ 다녀오겠습니다. 行ってきます。 タニョオセヨ 다녀 오세요. 行っていらっしゃい。 
チュカハムニダ 축하합니다. おめでとうございます。 コマプスムニダ 고맙습니다. ありがとうございます。 	セヘ・ポク・マニ・パドゥセヨ 새해 복 많이 받으세요. 新年おめでとうございます。 

韓国語の概要

1 韓国語のなりたち

　現在、韓国語と称される言語は、朝鮮半島全地域で使われている言語として「朝鮮語」とも呼ばれています。韓国語は15世紀半ばまでそれを表記する固有の文字を持たず、中国の漢字を借りて表記されていました。民族の固有文字を持たない現状に胸を痛めていた朝鮮王朝の第4代国王、世宗セジョン(在位1418~1450年)は、「集賢殿ジピョンジョン」という研究所を作り、朝鮮の固有の文字である「ハングル」を創製しました。「ハングル」は誰にでも簡単に読み書きできるように作られた文字で、天と地と人、また口と唇、舌の発声器官の模様から考案された文字です。1443年に28字を完成させ、3年後の1446年に「訓民正音フンミンジョンウム」という名で公布されました。

　しかしながら創製当初は「諺文オンムン」と呼ばれ、上層階級は漢文を使い続けたので、主に下層階級や女性の文字として用いられていました。それが近代に入って、自国文化についての意識高揚とともに「한글ハングル」はその名の通り、「ハン」は偉大なる、「グル」は文字として確固たる地位を得るようになりました。世界で最も科学的な文字として評価されるハングルは、子音と母音の数が多く、多様な表記ができるため、その言語に近い発音を表記することができるという特徴をもっています。

　1997年にはユネスコ世界記録遺産に登録され、ユネスコでは、ハングルの利便性に注目し、識字率を上げるために貢献した個人や団体に対して「世宗大王賞(King Sejong Award)」を毎年10月9日に授与しています。10月9日は「ハングルの日」でもあります。

2 韓国語の語彙

韓国語は日本語と同様、漢字文化圏下で形成された言語であるため、同じ意味をもつ二つの語彙、固有語と漢字語両方が使われており、またその言語に近い発音をハングルで表記して使う外来語の3種類で構成されています。

① **固有語**：사랑サラン(愛)、김치キムチ(キムチ)、비빔밥ピビンパプ(ビビンパ)のように、古来から韓国語に存在していた単語の一群
② **漢字語**：가족カジョック(家族)、약속ヤクソク(約束)、무시ムシ(無視)のように日本語の漢字語に相当する単語の一群
③ **外来語**：코카콜라コカコルラ(コカコーラ)、햄버거ヘムボゴ(ハンバーガー)、커피コピ(コーヒー)のように外国語を表記した単語の一群

3 韓国語の仕組み

韓国語は日本語と共にウラル・アルタイ語族に属しているだけに互いに大きな共通点をもっており、日本人にとっては、もっとも学びやすい言語といえます。韓国語の基本的な仕組みを日本語を基準に説明していくと以下のようにまとめることができます。

① **日本語と語順が同じ**
　ごく一部を除いて韓国語は日本語とほぼ同じ主語、述語の語順で構成されています。したがって日本語の文を組み立てる順番通りに韓国語を組み立てていけばいいです。

　例 저는チョヌン　学생입니다ハクセンイムニダ
　　 私は　　　　学生です。
　　 형은ヒョンウン 회사원입니다フェサウォニムニダ
　　 兄は　　　　会社員です。

② **日本語「てにをは」と助詞の使い方がほぼ同じ**
　日本語と同じく体言(名詞類)の後ろに助詞が接続されます。

　例 친구는チングヌン　　약속이ヤクソギ　　비빔밥을ピビンパブル
　　 友だちは　　　　　約束が　　　　ビビンパを

③ **日本語と同様、用言(動詞や形容詞)の語尾を活用させる**
　日本語同様に韓国語は語幹の後ろに様々な文法的意味を表す語尾が発達した言語です。用言を活用させるときは、辞書に載っている単語の基本形「語幹+다」から語尾にあたる「다」を取った語幹に付けて活用させ、丁寧形、否定形、過去形、尊敬形、連体形、連用形、未然形、仮定

形、命令形などの語形を作り出すことができます。

- 例 原　形：가다 カダ(行く) → 가(語幹) + 다(語尾)
  丁寧形：가(語幹)+ㅂ니다(丁寧形の語尾) → 갑니다 カムニダ(行きます)
  否定形：가(語幹)+지 않다(否定形の語尾) → 가지 않다 カジ アンタ(行かない)
  過去形：가(語幹)+았(過去形の語尾)+습니다(丁寧の語尾)
  　　　　　　　　　　　　　　　　　　→ 갔습니다 カッスムニダ(行きました)
  尊敬形：가(語幹)+시(尊敬の語尾)+ㅂ니다(丁寧形の語尾)
  　　　　　　　　　　　　　　　　　　→ 가십니다 カシムニダ(行かれます)
  連体形：가(語幹)+ㄹ 때(未来連体形) → 갈 때 カル テ(行く時)

④ 修飾語は被修飾語の前にくる
- 例 파란 パラン 하늘이 ハヌリ 맑습니다 マクスムニダ (青い/空が/澄んでいます)
  예쁜 イェプン 구두를 クドゥルル 샀어요 サッソヨ (可愛い/靴を/買いました)

⑤ 文末の語尾表現が豊富である
- 例 나는 ナヌン(私は) 학생 ハクセン(学生) 이다 イダ(である)/입니다 イムニダ(です)
  입니까? イムニカ(ですか?) / 이에요 イエヨ(です) / 이지요 イジヨ(ですよね)
  이군요 イグンヨ(ですね) / 이네요 イネヨ(ですね) / 인가요? インガヨ(でしょうか?)

⑥ 尊敬表現が発達している

韓国語は敬語が発達しています。ただし、韓国語では身内に対しても目上の人には、必ず敬語表現を使います。なお、日本語にはない助詞の敬語表現もよく使われています。

- 例 선생님께서는 ソンセンニムケソヌン(先生は) 이번 イボン(今度の) 주말에 チュマレ(週末に)
  여행을 ヨヘンウル(旅行に) 떠나십니다 トナシムニダ(お出かけになります)

⑦ 日本語の発音に似ている漢字語が多い

韓国語を構成する単語の半分以上が漢字語でできています。そのため、「漢字語」と呼ばれる韓国語の単語は、日本語の発音に似ているものが多くあります。

- 例 가족 カジョク(家族)　온도 オンド(温度)　약속 ヤクソク(約束)　무리 ムリ(無理)
  무시 ムシ(無視)　가구 カグ(家具)　기온 キオン(気温)　도로 トロ(道路)

4 ハングルの構成

　日本語は母音字母と子音字母が単独の音節を構成しています。それに対して、ハングルはローマ字と同じく、子音字母と母音字母を組み合わせて一つの音節を作る表音文字です。ハングルは基本母音字母10個、合成母音字母11個、基本子音字母14個、合成子音字母5個の総40個の文字で構成されています。

ハングルの4つの構成パターン

1) 横並び：子音字母と母音字母順に横に並ぶ構造

　　ㄱ【k】　+　ㅏ【a】　=　가【ka】

2) 縦並び：子音字母の下に母音字母が重なる構造

　　ㄱ【k】　+　ㅗ【o】　=　고【ko】

3) パッチム：「横並び」の下側に子音字母をプラスした構造

　　ㅂ【p】　+　ㅏ【a】　+　ㅂ【p】　=　밥【pap】

4) パッチム：「縦並び」の下側に子音字母をプラスした構造

　　ㄷ【d】　+　ㅗ【o】　+　ㅇ【ng】　=　동【dong】

基本母音字母

1 単母音字母－「あ行」

ハングルの母音字母は全部で21個です。第一課では、その中で14個の母音字母を学びます。

✏️ 書き順は「上から下へ」「左から右へ」です。

🎧 MP3 03

字母	発音	発音の領域	
ㅏ	[a　ア]	日本語の「ア」と同じ発音です。	
ㅓ	[ŏ　オ]	口をゆるく開けて唇を丸く突き出さず喉からまっすぐ出す発音です。 日本語の「オ」にならないように注意しましょう。	
ㅗ	[o　オ]	日本語の「オ」と同じ発音です。	
ㅜ	[u　ウ]	日本語の「ウ」と同じ発音です。	
ㅡ	[ū　ウ]	唇を左右の横に真一文字に引っ張って発音します。 日本語の「ウ」にならないように注意しましょう。	
ㅣ	[i　イ]	日本語の「イ」と同じ発音です。	
ㅐ	[ē　エ]	日本語の「エ」より口を少し大きめに開けて下唇を横に引きながら発音します。 「イェ」に近い口の形になります。	
ㅔ	[e　エ]	日本語の「エ」と同じ発音です。	

※「ㅔ」と「ㅐ」の発音はほとんど区別ができませんので、あまり神経質にならないように！

書き順に注意して次の母音字母を発音しながら書いてみましょう。

ㅏ [a]	ㅓ [ō]	ㅗ [o]	ㅜ [u]	ㅡ [ū]	ㅣ [i]	ㅐ [ē]	ㅔ [e]

上段にならって書いてみましょう。

※母音字母を覚えるときは、子音字母の位置に無音子音字母「ㅇ」をつけて練習します。
「ㅇ」は上から書き始めて反時計回りに書きます。

아 [a]	어 [ō]	오 [o]	우 [u]	으 [ū]	이 [i]	애 [ē]	에 [e]

練習1 発音してみましょう。 MP3 04

① 아이 子供

② 오이 キュウリ

③ 우아 優雅

④ 이 歯

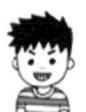

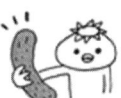

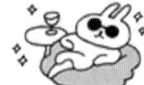

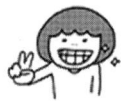

練習2 発音しながら3回ずつ書いてみましょう。 MP3 05

아이 [ai] 子供			
우아 [ua] 優雅			
오이 [oi] キュウリ			
이 [i] 歯			
에 [e] ～に			

2 重母音字母－「や行」

「ㅣ」と「ㅡ」以外の母音字母「あ行」に短い線を一画付け加えると「y」を加えた発音、日本語の「や行」に当たる発音になります。

MP3 06

字母	発音	発音の領域	
ㅏ↓ㅑ	[ya ヤ]	日本語の「ヤ」と同じ発音です。	
ㅓ↓ㅕ	[yō ヨ]	口をゆるく開けて唇を丸く突き出さずに発音します。日本語の「ヨ」にならないように注意しましょう。	
ㅗ↓ㅛ	[yo ヨ]	日本語の「ヨ」と同じ発音です。	
ㅜ↓ㅠ	[yu ユ]	日本語の「ユ」と同じ発音です。	
ㅐ↓ㅒ	[yē イェ]	日本語の「イェ」に近い発音です。	
ㅔ↓ㅖ	[ye イェ]	日本語の「イェ」に近い発音です。	

※「ㅒ」と「ㅖ」はほとんど区別ができませんので、あまり神経質にならないように！

☞ 「ㅒ」と「ㅖ」の発音は「얘」と「예」以外は「エ」と発音されます。

   例 시계 時計 ⇨ [시게(シゲ)]
   　　계시다(いらっしゃる) ⇨ [게시다(ケシダ)]

✏️ 書き順に注意して次の母音字母を発音しながら書いてみましょう。
　（書き順は「上から下へ」「左から右へ」です。）

ㅑ [ya]	ㅕ [yŏ]	ㅛ [yo]	ㅠ [yu]	ㅒ [yē]	ㅖ [ye]

✏️ 上段にならって書いて見ましょう。
　母音字母を覚えるときは、子音字母の位置に無音子音字母「ㅇ」をつけて練習します。
　「ㅇ」は上から書き始めて反時計回りに書きます。

야 [ya]	여 [yŏ]	요 [yo]	유 [yu]	얘 [yē]	예 [ye]

練習1　発音してみましょう。　🎧 MP3 07

① 여유 余裕　② 이유 理由　③ 여우 きつね　④ 우유 牛乳

練習2　発音しながら3回ずつ書いてみましょう。　🎧 MP3 08

여유 [yŏyu] 余裕			
이유 [iyu] 理由			
여우 [yŏu] きつね			
우유 [uyu] 牛乳			

✏️ 第一課で学んだ14個の単母音字母と重母音字母(や行)を書きながら覚えてみましょう。

아	야	어	여	오	요	우	유	으	이	애	에	얘	예
[a]	[ya]	[ō]	[yō]	[o]	[yo]	[u]	[yu]	[ū]	[i]	[ē]	[e]	[yē]	[ye]

一言レッスン

A : 안녕하세요? こんにちは。

B : 네, 안녕하세요? はい、こんにちは。

第2課 基本子音字母①

1 平音：ㄱ[k], ㄷ[t], ㅂ[p], ㅅ[s], ㅈ[ch], ㅎ[h]

日本語の「カ、タ、パ、サ、チャ、ハ」行にあたる子音字母「ㄱ, ㄷ, ㅂ, ㅅ, ㅈ, ㅎ」を平音といいます。平音とは平らな音、つまり普通に息を出して発音することを意味します。

子音字母	発音	筆順	名称	発音の要領
ㄱ	[k/g]	ㄱ	기역 [キヨク]	語頭では[k]、母音と終声「ㄴ,ㄹ,ㅁ,ㅇ」の後では濁り、[g]になります。
ㄷ	[t/d]	ㄷ	디귿 [ティグッ]	語頭では[t]、母音と終声「ㄴ,ㄹ,ㅁ,ㅇ」の後では濁り、[d]になります。
ㅂ	[p/b]	ㅂ	비읍 [ピウプ]	語頭では[p]、母音と終声「ㄴ,ㄹ,ㅁ,ㅇ」の後では濁り、[b]になります。
ㅅ	[s]	ㅅ	시옷 [シオッ]	日本語の「さ」行とほぼ同じ発音です。
ㅈ	[ch/j]	ㅈ	지읒 [チウッ]	語頭では[ch]、母音と終声「ㄴ,ㄹ,ㅁ,ㅇ」の後では濁り、[j]になります。
ㅎ	[h]	ㅎ	히읗 [ヒウッ]	日本語の「は」行とほぼ同じ発音です。

✎ 母音字母と組み合わせて発音しながら書いてみましょう。

	ㅏ [a]	ㅓ [ō]	ㅗ [o]	ㅜ [u]	ㅡ [ū]	ㅣ [i]	ㅐ [ē]	ㅔ [e]
ㄱ [k/g]								
ㄷ [t/d]								
ㅂ [p/b]								
ㅅ [s]								
ㅈ [ch/j]								
ㅎ [h]								

発音のルール

ハングルには発音をなめらかにするためのいくつかの発音ルールがあります。
発音を上手にするためには発音ルールをしっかり覚え、コツをつかめましょう。

◻ 有声音化　その1

平音は語頭では「ㄱ,ㄷ,ㅂ,ㅈ」「k・t・p・ch」と発音されますが、語中、つまり母音字母と母音字母の間に挟まれるとㄱ「k→g」、ㄷ「t→d」、ㅂ「p→b」、ㅈ「ch→j」にそれぞれ濁った音になります。日本語の場合も、合成語「カキ」+「氷」を「かきごおり」、「がま+蛙」を「がまがえる」のように、後ろを濁らせることで発音をしやすくするための工夫がなされています。このような発音変化を有声音化といいます。

練習1　次の単語を有声音化に注意しながら読んでみましょう。

① 가게 店　　② 거기 そこ　　③ 고기 肉　　④ 구두 靴

⑤ 개 犬　　⑥ 다리 橋、脚　　⑦ 더 もっと　　⑧ 바다 海

 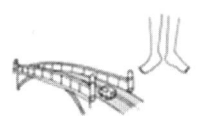  

⑨ 바지 ズボン　　⑩ 비 雨　　⑪ 배 船/梨/お腹　　⑫ 부부 夫婦

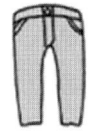   

⑬ 저기 あそこ　　⑭ 수도 水道　　⑮ 하나 ひとつ　　⑯ 후배 後輩

第2課　基本子音字母①

練習2　有声音化に注意して発音しながら3回ずつ書いてみましょう。

① 교사 教師 [kyosa]			
② 도로 道路 [toro]			
③ 버스 バス [pōsū]			
④ 소리 声 [sori]			
⑤ 수도 首都 [sudo]			
⑥ 소고기 牛肉 [sogogi]			
⑦ 지구 地球 [chigu]			
⑧ 주부 主婦 [chubu]			
⑨ 허리 腰 [hōri]			
⑩ 효도 親孝行 [hyodo]			

一言レッスン

A：잘 가요. さようなら。

B：또 만나요. また、会いましょう。

2　鼻音・流音：ㄴ[n], ㄹ[r], ㅁ[m] /ㅇ[－無]

　日本語の「ナ、ラ、マ」にあたるハングルの子音字母です。「ㄴ[n]、ㅁ[m]」は鼻腔の共鳴を伴う音なので鼻音といい、「ㄹ[r/l]」は流れる音という意味で流音と言います。子音字母の「ㅇ」は語頭では無音になりますので、母音字母のみの発音になります。

子音字母	発音	筆順	名称	発音の要領
ㄴ	[n]	①ㄴ	니은 [ニウン]	日本語の「ナ行」とほぼ同じ発音です。
ㄹ	[r/l]	①②③ ㄹ	리을 [リウル]	日本語の「ラ行」とほぼ同じ発音です。
ㅁ	[m]	①②③ ㅁ	미음 [ミウム]	日本語の「マ行」とほぼ同じ発音です。
ㅇ	[-/ng]	① ㅇ	이응 [イウン]	語頭では無音[－]、終声では[ng]と発音します。

✎ 母音字母と組み合わせて発音しながら書いてみましょう。

	ㅏ [a]	ㅓ [ō]	ㅗ [o]	ㅜ [u]	ㅡ [ū]	ㅣ [i]	ㅐ [ē]	ㅔ [e]
ㄴ [n]								
ㄹ [r/l]								
ㅁ [m]								
ㅇ [-/ng]								

練習1 次の単語を読んでみましょう。

① 교류 交流 ② 나 わたし ③ 나라 国 ④ 너 君、お前

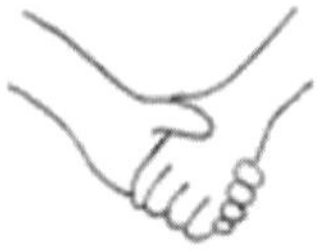

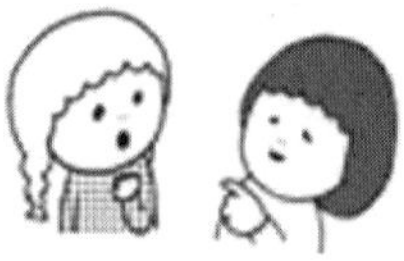

⑤ 노래 歌 ⑥ 누나 姉(弟が呼ぶ時) 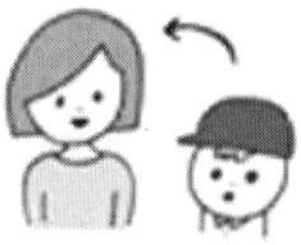 ⑦ 뉴스 ニュース 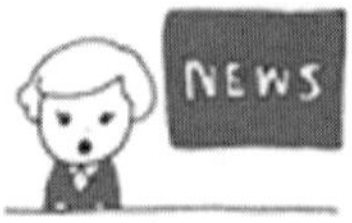 ⑧ 무료 無料

 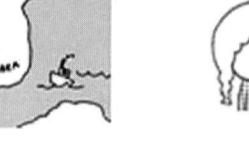

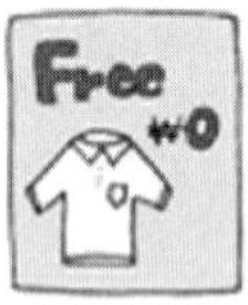

⑨ 아버지 お父さん ⑩ 어머니 お母さん ⑪ 어디 どこ ⑫ 어제 昨日

⑬ 여자 女の人 ⑭ 우리 私たち ⑮ 요리 料理 ⑯ 지우개 消しゴム

一言レッスン

A: 미안해요. すみません。

B: 괜찮아요. 大丈夫です。

練習2 有声音化に注意して発音しながら3回ずつ書いてみましょう。

① 거리 距離 [kōri]			
② 나무 木 [namu]			
③ 나비 蝶々 [nabi]			
④ 나이 年齢 [nai]			
⑤ 노루 鹿 [noru]			
⑥ 누구 誰 [nugu]			
⑦ 라디오 ラジオ [radio]			
⑧ 모두 すべて [modu]			
⑨ 모레 あさって [more]			
⑩ 머리 頭 [mōri]			
⑪ 아뇨 いいえ [anyo]			
⑫ 아주 とても [aju]			
⑬ 어디 どこ [ōdi]			
⑭ 여기 ここ [yōgi]			
⑮ 우리 私たち [uri]			

第2課　基本子音字母①

✏️ 第2課で学んだ基本子音10個を書きながら覚えてみましょう。

가 [ka]	나 [na]	다 [ta]	라 [ra]	마 [ma]	바 [pa]	사 [sa]	아 [a]	자 [cha]	하 [ha]

一言レッスン

A: 어서 드세요. どうぞ召し上がってください。

B: 잘 먹겠습니다. いただきます。

　日本ではご飯を食べる時は必ず「いただきます」という食事に対する感謝の挨拶を表します。しかし、韓国の大人社会で先に「いただきます」「잘 チャル 먹겠습니다 モッケッスムニダ」というと、相手は「え？ 今日私のおごり？」と負担に思ってしまう場合があります。つまり、韓国の大人社会においては本当に相手にご馳走していただく時だけ「いただきます」と言うのです。それでは、韓国で食事をする前には何と言ったらいいのでしょうか。まずは相手に食事をすすめる、「どうぞ召し上がってください。」という意味の「드세요 ドゥセヨ」という言葉を使ってみましょう。すると、皆が一斉に食べはじめるのです。お菓子や飲み物などをすすめる時も「드세요 ドゥセヨ」と言います。

基本子音字母②

3 激音：ㅋ[kʰ]、ㅌ[tʰ]、ㅍ[pʰ]、ㅊ[chʰ]

平音の「ㄱ[k]、ㄷ[t]、ㅂ[p]、ㅈ[ch]」に短い線を一画付け加えると激音となります。息を強く出しながら発音する激音は、語中で濁らず常に無声音となります。

子音字母	発音	筆順	名称	発音の要領
ㄱ→ㅋ	[kʰ]		키읔 [キウク]	ㄱ[기역]より激しく息を出します。（ㄱの激音）
ㄷ→ㅌ	[tʰ]		티읕 [ティウッ]	ㄷ[디귿]より激しく息を出します。（ㄷの激音）
ㅂ→ㅍ	[pʰ]		피읖 [ピウプ]	ㅂ[비읍]より激しく息を出します。（ㅂの激音）
ㅈ→ㅊ	[chʰ]		치읓 [チウッ]	ㅈ[지읒]より激しく息を出します。（ㅈの激音）

✎ 母音字母と組み合わせて発音しながら書いてみましょう。 MP3 13

	ㅏ [a]	ㅓ [ŏ]	ㅗ [o]	ㅜ [u]	ㅡ [ŭ]	ㅣ [i]	ㅐ [ɛ̄]	ㅔ [e]
ㅋ [kʰ]								
ㅌ [tʰ]								
ㅍ [pʰ]								
ㅊ [chʰ]								

練習1 次の単語を読んでみましょう。

MP3 14

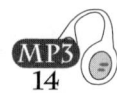

① 카메라カメラ

② 커피コーヒー

③ 코피鼻血

④ 코코아ココア

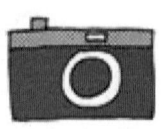

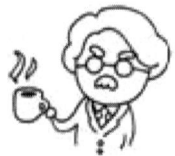

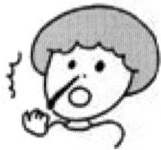

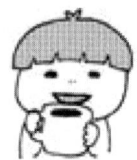

⑤ 타세요乗って下さい

⑥ 토마토トマト

⑦ 파도波

⑧ 포도ぶどう

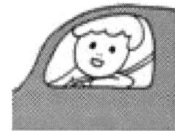

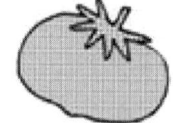

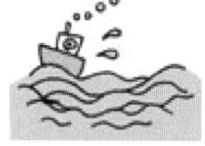

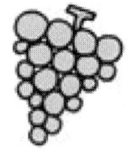

⑨ 피아노ピアノ

⑩ 보리차麦茶

⑪ 차표乗車券

⑫ 야채野菜

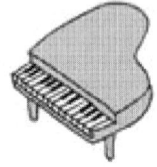

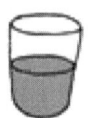

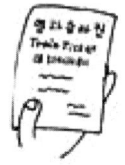

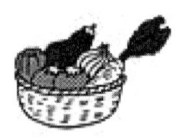

練習2 発音しながら3回ずつ書いてみましょう。

MP3 15

① 크다大きい [kūda]			
② 코리아コリア・韓国 [koria]			
③ 타요乗ります [tayo]			
④ 파리パリ [pari]			
⑤ 스포츠スポーツ [sūpochū]			

❏ 歌ってみましょう。

　第2課と第3課で学んだ14個の基本子音字母に母音字母「ㅏ」を組み合わせて、「가나다라마바사아자차카타파하」の順で覚えてみましょう。辞書もこの順になっています。では「キラキラ星」の歌に合わせて覚えてみましょう!

가나다라마바사아자차카타파하

4 濃音：ㄲ[kk]、ㄸ[tt]、ㅃ[pp]、ㅆ[ss]、ㅉ[zz]

濃音は平音の「ㄱ,ㄷ,ㅂ,ㅅ,ㅈ」を2つずつ並べて書いたものです。濃音は強い息を伴う激音に対して、喉に力を入れて息を漏らさないように発音します。発音する子音の前に促音「ッ」をつけて音を出すような感覚で覚えましょう。濃音は激音同様、語中でも有声音化(濁る音)しませんので注意しましょう！

子音字母	発音	筆順	名称	発音の要領
ㄲ	[kk]		쌍기역 [ッサンギヨク]	「まっかな」の「っか」に近い発音です。
ㄸ	[tt]		쌍디귿 [ッサンティグッ]	「いったい」の「った」に近い発音です。
ㅃ	[pp]		쌍비읍 [ッサンピウプ]	「いっぱい」の「っぱ」に近い発音です。
ㅆ	[ss]		쌍시옷 [ッサンシオッ]	「よっしゃー」の「っしゃ」に近い発音です。
ㅉ	[zz]		쌍지읒 [ッサンジウッ]	「まっちゃ」の「っちゃ」に近い発音です。

✎ 母音字母と組み合わせて発音しながら書いてみましょう。

MP3 16

	ㅏ [a]	ㅓ [ō]	ㅗ [o]	ㅜ [u]	ㅡ [ū]	ㅣ [i]	ㅐ [ē]	ㅔ [e]
ㄲ [kk]								
ㄸ [tt]								
ㅃ [pp]								
ㅆ [ss]								
ㅉ [zz]								

練習1 次の単語を読んでみましょう。

① 아빠 パパ　② 오빠 兄(妹が呼ぶ時)　③ 아저씨 おじさん　④ 아가씨 お嬢さん

⑤ 찌개 チゲ　⑥ 쓰레기 ゴミ　⑦ 싸요 安いです　⑧ 비싸요 高いです

⑨ 짜요 塩辛いです　⑩ 가짜 ニセモノ　⑪ 예뻐요 綺麗です　⑫ 코끼리 象

練習2 発音しながら3回ずつ書いてみましょう。

① 아까 さっき [a'kka]			
② 때때로 時々 [ttē'ttēro]			
③ 빠르게 速く [pparūge]			
④ 쓰레기 ゴミ [ssūregi]			
⑤ 찌개 チゲ [zzigē]			

第3課　基本子音字母②

✏️ 発音の違いに注意しながら平音、激音、濃音の順に書いてみましょう。

①

가	카	까

②

다	타	따

③

바	파	빠

④

사		싸

⑤

자	차	짜

❏ 平音・激音・濃音の発音比較

平音	ㄱ [k/g]	ㄴ [n]	ㄷ [t/d]	ㄹ [r]	ㅁ [m]	ㅂ [p/b]	ㅅ [s]	ㅇ [-]	ㅈ [ch/j]	ㅎ [h]
激音	ㅋ [kʰ]		ㅌ [tʰ]			ㅍ [pʰ]			ㅊ [chʰ]	
濃音	ㄲ [kk]		ㄸ [tt]			ㅃ [pp]	ㅆ [ss]		ㅉ [zz]	

❏ 日常生活でよく使う外来語

外来語(韓国語表記)	意味	2回ずつ書いてみよう	
사이다	サイダー		
크리스마스	クリスマス		
아파트	アパート		
주스	ジュース		
바나나	バナナ		
보트	ボート		
커피	コーヒー		
포크	フォーク		
나이프	ナイフ		
코코아	ココア		
케이크	ケーキ		
스테이크	ステーキ		
치즈	チーズ		
피자	ピザ		
오토바이	オートバイ		
스파게티	スパゲティー		
스프	スープ		
메뉴	メニュー		
노트	ノート		
드라이브	ドライブ		

第3課　基本子音字母②

第4課　重母音字母－「わ行」

　縦並びの母音字母に横並びの母音字母を組み合わせると重母音字母になります。重母音字母は単母音字母を合わせて素早く発音します。

① ㅘ [ワ、wa] （ㅗ＋ㅏ＝ㅘ)
「ㅗ」と「ㅏ」を合わせて素早く発音します。日本語の[ワ]とほぼ同じ発音です。
例 오키나와 沖縄

② ㅝ [ウォ、wō] （ㅜ＋ㅓ＝ㅝ)
「ㅜ」と「ㅓ」を合わせて素早く発音します。
例 샤워 シャワー

③ ㅙ [ウェ、we] （ㅗ＋ㅐ＝ㅙ)
「ㅗ」と「ㅐ」を合わせて素早く発音します。日本語の「ウェ」のつもりで発音します。
例 왜요? どうしてですか。

④ ㅞ [ウェ、we] （ㅜ＋ㅔ＝ㅞ)
「ㅜ」と「ㅔ」を合わせて日本語の[ウェ]のつもりで発音します。
例 웨이터 ウェイター

⑤ ㅚ [ウェ、we] （ㅗ＋ㅣ＝ㅚ)
「ㅗ」と「ㅣ」が合わさった重母音字母ですが、合わさったどおりの発音にならず、「왜」と発音します。日本語の「ウェ」のつもりで発音します。
例 해외 海外

⑥ ㅟ [ウィ、wi] （ㅜ＋ㅣ＝ㅟ)
「ㅜ」と「ㅣ」を合わせて日本語の「ウィ」のつもりで発音します。
例 위스키 ウィスキー

⑦ ㅢ [ウイ、ūi]

（ㅡ＋ㅣ＝ㅢ)

「ㅡ」と「ㅣ」が合わさった合成母音字母ですが、おかれる場所によって3通りに発音されます。

①[ウイ、ūi]「의」
　語頭に位置する時は「ウイ」と発音します。
　例 의미[ウイミ(意味)]、의사[ウイサ(医師)]

②[イ、i]「이」
　a：語頭以外の位置では「イ」と発音します。
　例 회의[フェイ(会議)]、예의[イェイ(礼儀)]
　b：子音と組み合わせた時も「イ」と発音。
　例 띄어쓰기[ティオスギ(分かち書き)]

③[エ、e]「에」
　「〜の」という助詞として使われる時は「エ」と発音します。
　例 우리의[ウリエ(私たちの)]、
　　　나라의[ナラエ(国の)]

✏️ 合成母音字母を覚えるときは、子音字母の位置に無音子音字母「ㅇ」をつけて練習します。
「ㅇ」は上から書き始め、時計と反対回りに書きます。

① 와	② 워	③ 왜	④ 웨	⑤ 외	⑥ 위	⑦ 의
[wa]	[wō]	[we]	[we]	[we]	[wi]	[ūi]

練習1 次の単語を読んでみましょう。

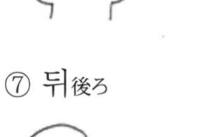

🎧 MP3 20

① 가위 はさみ 
② 고마워요 ありがとうございます 
③ 과자 お菓子 
④ 교과서 教科書 
⑤ 귀 耳 
⑥ 돼지 豚 
⑦ 뒤 後ろ 
⑧ 사과 りんご 
⑨ 예의 礼儀 
⑩ 웨이브 ウェーブ 
⑪ 위치 位置  
⑫ 의사 医者 
⑬ 의자 椅子 
⑭ 주의 注意 
⑮ 최고 最高 
⑯ 취미 趣味

第4課　重母音字母－「わ行」

練習2 発音しながら3回ずつ書いてみましょう。

① 왜요? なぜですか [wēyo]			
② 뭐요 何ですか [mwōyo]			
③ 더워요 暑いです [tōwōyo]			
④ 회사 会社 [hwesa]			
⑤ 해외 海外 [hēwe]			
⑥ 외교 外交 [wegyo]			
⑦ 쇄도 殺到 [swēdo]			
⑧ 쉬워요 簡単です [swiwōyo]			
⑨ 위스키 ウィスキー [wisūk^Hi]			
⑩ 뛰어요 走ります [ttwiōyo]			

一言レッスン

A: 알겠습니까? 分かりましたか。

B: 네, 알겠습니다. はい、分かりました。

子音字母と母音字母を組み合わせて作った「ハングル表」です。
発音しながら空欄を埋めてみましょう。

	ㅏ [a]	ㅑ [ya]	ㅓ [ō]	ㅕ [yō]	ㅗ [o]	ㅛ [yo]	ㅜ [u]	ㅠ [yu]	ㅡ [ū]	ㅣ [i]	ㅐ [ē]	ㅔ [e]
ㄱ [k]	가	갸	거	겨	고	교	구	규	그	기	개	게
ㄴ [n]	나	냐	너	녀	노	뇨	누	뉴	느	니	내	네
ㄷ [t]	다	댜	더	뎌	도	됴	두	듀	드	디	대	데
ㄹ [r]	라	랴	러	려	로	료	루	류	르	리	래	레
ㅁ [m]	마	먀	머	며	모	묘	무	뮤	므	미	매	메
ㅂ [p]	바	뱌	버	벼	보	뵤	부	뷰	브	비	배	베
ㅅ [s]	사	샤	서	셔	소	쇼	수	슈	스	시	새	세
ㅇ [-]	아	야	어	여	오	요	우	유	으	이	애	에
ㅈ [ch]	자	쟈	저	져	조	죠	주	쥬	즈	지	재	제
ㅊ [ch^H]	차	챠	처	쳐	초	쵸	추	츄	츠	치	채	체
ㅋ [k^H]	카	캬	커	켜	코	쿄	쿠	큐	크	키	캐	케
ㅌ [t^H]	타	탸	터	텨	토	툐	투	튜	트	티	태	테
ㅍ [p^H]	파	퍄	퍼	펴	포	표	푸	퓨	프	피	패	페
ㅎ [h]	하	햐	허	혀	호	효	후	휴	흐	히	해	헤

第4課　重母音字母ー「わ行」

❏ 日本語のハングル表記法

かな	語頭	語中・語末	注意点
あいうえお	아 이 우 에 오		
かきくけこ	가 기 구 게 고	카 키 쿠 케 코	① 語中では激音で表記する
がぎぐげご	가 기 구 게 고		
さしすせそ	사 시 스 세 소		③「す」は「수」ではなく「스」
ざじずぜぞ	자 지 즈 제 조		③「ず」は「즈」
たちつてと	다 지 쓰 데 도	타 치 쓰 테 토	③「つ」は「쓰」
だぢづでど	다 지 즈 데 도		③「づ」は「즈」
なにぬねの	나 니 누 네 노		
はひふへほ	하 히 후 헤 호		
ばびぶべぼ	바 비 부 베 보		
ぱぴぷぺぽ	파 피 푸 페 포		
まみむめも	마 미 무 메 모		
や ゆ よ	야 유 요		
らりるれろ	라 리 루 레 료		
わ う を	와 우 오		
ん			⑥「ん」は「ㄴ」パッチムで表記
きゃ きゅ きょ	갸 규 교	캬 큐 쿄	① 語中では激音で表記する
ぎゃ ぎゅ ぎょ	갸 규 교		
しゃ しゅ しょ	샤 슈 쇼		
じゃ じゅ じょ	자 주 조		
ちゃ ちゅ ちょ	자 주 조	차 추 초	① 語中では激音で表記する
にゃ にゅ にょ	냐 뉴 뇨		
ひゃ ひゅ ひょ	햐 휴 효		
びゃ びゅ びょ	뱌 뷰 뵤		
ぴゃ ぴゅ ぴょ	퍄 퓨 표		
みゃ みゅ みょ	먀 뮤 묘		
りゃ りゅ りょ	랴 류 료		

【日本語をハングルで表記する場合のルール】

① 「か、た、ぱ、ちゃ」のような清音は、語頭では「가, 다, 바, 자」、語中や語末では「카, 타, 파, 차」で書き表します。

② 「が、だ、ば、じゃ」のような濁音は「가, 다, 바, 자」で表します。

③ 「つ」→「쓰」、「す」→「스」、「づ」・「ず」→「즈」で表します。

④ 長音は表記しませんので注意しましょう。　㋐「おおさか(大阪)」→「오사카」

⑤ 促音「ッ」は、下に「ㅅ」パッチムで表します。　㋐「さっぽろ(札幌)」→「삿포로」

⑥ 「ん」は、下に「ㄴ」パッチムで表します。　㋐「ぐんま(群馬)」→「군마」

総合練習問題

1. 次の①~⑫は日本語をハングルで表記したものです。声を出して読んでみましょう。

   ① 아사리　　② 오니기리　　③ 고이노보리　　④ 우미
   ⑤ 유메　　　⑥ 하루　　　　⑦ 사시미　　　　⑧ 호시
   ⑨ 규슈　　　⑩ 오이타　　　⑪ 나가사키　　　⑫ 하코다테

2. 次の文は日本の昔話をハングルで表記したものです。声を出して読んでみましょう。

   무카시 무카시 아루 도코로니 오지산토 오바산가 슨데 이마시타.
   아루히 오지산와 야마니 시바카리니,
   오바산와 카와니 센타쿠니 이키마시타.
   오바산가 센타쿠오 시테 이루토 가와카라 오키나 모모가
   돈부란코 돈부란코토 나가레테 기마시타.
   오바산와 소노 모모오 히롯테 이에니 모치카에리 오지산토 잇쇼니
   다베요토 오못테 모모오 깃테 미마시타.
   스루토 난토 나카카라 겐키노 이이 오토코노코가 데테 기마시타.
   고도모노 이나캇타 오지산토 오바산와 소노코오 모모타로토
   나즈케테 다이세쓰니 소다테마시타.

3. 次のことばをハングルで表記してみましょう。

   (1) 日本の地名
   　　① 佐世保(　　　　) ② 仙台(　　　　) ③ 熊本(　　　　) ④ 福岡(　　　　)
   (2) 日本人の名前
   　　⑤ 芥川龍之介(　　　　　　　　) ⑥ 徳川家康(　　　　　　　　)
   　　⑦ 織田信長(　　　　　　　　) ⑧ ちびまる子(　　　　　　　　)

解答1
① あさり　② おにぎり　③ 鯉のぼり　④ 海　⑤ 夢　⑥ 春　⑦ 刺身
⑧ 星　⑨ 九州　⑩ 大分　⑪ 長崎　⑫ 函館

解答2
① 사세보　② 센다이　③ 구마모토　④ 후쿠오카　⑤ 아쿠타가와 류노스케
⑥ 도쿠가와 이에야스　⑦ 오다 노부나가　⑧ 지비마루코

第4課　重母音字母-「わ行」

第5課　パッチム

1　パッチム

　ハングルの組み合わせには、これまで学んできた「子音字母＋母音字母」の組み合わせに、さらにその下に一つまたは二つの子音字母が加わります。この最後に来る子音字母のことをパッチムといい、「子音字母＋母音字母＋子音字母（パッチム）」の組み合わせになります。

　パッチムとは、上にあるものを支えるという意味です。パッチムの発音は全部で7種類があります。また、これらの音は①響く音のパッチム（三つ）と②詰まる音のパッチム（三つ）、そして③ㄹ[l]の音に分けられます。

□ パッチムの音節構造

横並び					縦並び				
ㄱ	＋ ㅏ	＋ ㅁ	＝	감	ㄱ	＋ ㅗ	＋ ㅁ	＝	곰
[k]	[a]	[m]		[kam]	[k]	[o]	[m]		[kom]
子音(初声)	母音(中声)	子音(終声)			子音(初声)	母音(中声)	子音(終声)		

(1) 響く音のパッチム：ㅇ[ng]、ㄴ[n]、ㅁ[m]・流音のパッチム：ㄹ[l]

喉の音	ㅇ [-ng]	앙 [ang]	口を開け、舌を浮かせて息を鼻から抜きながら発音します。「かんがえる」の「ん」、「りんご」の「ん」の音です。発音し終わった時、口は開いたままです。	방[pang] 部屋 공[kong] ボール 강[kang] 江
舌先の音	ㄴ [-n]	안 [an]	口は閉じず、舌先を上の歯茎に付けて音を響かせます。日本語の「あんない」の「ん」、「おんな」の「ん」の音です。	산[san] 山 논[non] 田んぼ 문[mun] 門
唇の音	ㅁ [-m]	암 [am]	唇をしっかり閉じて発音します。「さんま」の「ん」のように口を完全に閉じた「m」を発音します。	몸[mom] 体 봄[pom] 春 김[kim] 海苔
舌の音	ㄹ [-l]	알 [al]	舌先を丸めて上あごにつけて音を響かせます。これは日本語にない音で、舌の先を口の天井にしっかりつけて息が舌の両側から出るように発音します。	물[mul] 水 달[tal] 月 말[mal] 馬

発音のルール

① 有声音化　その2

響くパッチム(有声音)「ㄴ[n]、ㄹ[l]、ㅁ[m]、ㅇ[ng]」の後に来る平音「ㄱ、ㄷ、ㅂ、ㅈ」は濁ります。これを有声音化といいます。

例　한국 [han-guk] 韓国　　친구 [chin-gu] 友達

練習1　次の単語を有声音化(濁る音)に注意しながら発音してみましょう。

① 남자 男子 
② 감자 ジャガイモ 
③ 농담 冗談 
④ 공부 勉強 
⑤ 생각 考え方 
⑥ 선배 先輩 
⑦ 문제 問題 
⑧ 연구 研究 
⑨ 일본 日本 
⑩ 일기 日記 
⑪ 한글 ハングル 
⑫ 갈비 カルビ

(2) 詰まる音のパッチム：ㄱ[k]、ㄷ[t]、ㅂ[p]

喉の音	ㄱ [-k] ㅋ・ㄲ	악 [ak]	口を開け、舌の根元を喉の奥につけて音を響かせます。「がっかり」の「っ」、「そっくり」の「っ」のように発音します。	약[yak] 薬　부엌[puōk] 台所　밖[pak] 外
舌先の音	ㄷ [-t] ㅅ・ㅈ ㅊ・ㅌ ㅎ・ㅆ	앋 [at]	口は閉じず、舌先を上の歯茎に付けて音を響かせます。「やった」の「っ」、「まった」の「っ」のように発音します。	옷[ot] 服　낮[nat] 昼　꽃[kkot] 花
唇の音	ㅂ [-p] ㅍ	압 [ap]	唇をすばやく閉じて音を響かせます。パッチム「ㅂ」の発音は、「かっぱ」の「っ」、「ラッパ」の「ッ」のように発音します。	입[ip] 口　잎[ip] 葉っぱ　밥[pap] ご飯

発音のルール

☐ 濃音化

パッチム「ㄱ[-k]、ㄷ[-t]、ㅂ[-p]」の後に来る「ㄱ・ㄷ・ㅂ・ㅅ・ㅈ」は濃音化し、「ㄱ→ㄲ」「ㄷ→ㄸ」「ㅂ→ㅃ」「ㅅ→ㅆ」「ㅈ→ㅉ」に変化し発音されます。これを濃音化といいます。

例 학교[학꾜]学校   식당[식땅]食堂

練習2 濃音化に注意しながら発音してみましょう。

① 역사 歴史 
② 책상 机 
③ 숲속 森の中 
④ 접시 皿 
⑤ 국수 麺 
⑥ 각자 各自 
⑦ 입구 入口 
⑧ 합격 合格 
⑨ 젓가락 お箸 
⑩ 숟가락 スプーン 
⑪ 낮잠 昼寝 
⑫ 떡국 韓国式お雑煮

練習3 発音どおりにハングルで書いてみましょう。

① 약속 約束 [yak'ssok]	[ ]	⑤ 국밥 クッパ [kuk'ppap]	[ ]
② 숙제 宿題 [suk'zze]	[ ]	⑥ 답장 返事 [tap'zzang]	[ ]
③ 있다 ある・いる [it'tta]	[ ]	⑦ 학생 学生 [hak'ssēng]	[ ]
④ 잡지 雑誌 [jap'zzi]	[ ]	⑧ 쉽다 易しい [swip'tta]	[ ]

2 二重パッチム

二つの異なる子音字母で出来ているパッチムを二重パッチムと言います。二重パッチムの場合は、どちらか一方だけを読みます。基本的には左側を読みますが、いくつかの例外があります。また、二重パッチムの後に母音字母がくる場合は、左側の子音字母はパッチムとして、右側の子音字母は母音字母の位置に移動させて発音します。

左側を読む二重パッチム	右側を読む二重パッチム
ㄱㅅ ㅂㅅ ㄴㅈ ㄴㅎ ㄹㅂ ㄹㅅ ㄹㅌ ㄹㅎ	ㄹㄱ ㄹㅁ ㄹㅍ

※※ ただし「ㄹㄱ」パッチムの後に「ㄱ」が続く場合は左側の「ㄹ」の方を読みますので注意しましょう。

例 읽기[일끼]読み、 읽고[일꼬]読んで

❏ パッチムの読み方

音の種類	代表音	パッチム	二重パッチム	発音例
① ㄱ類	[-k]	ㄱ・ㅋ・ㄲ	ㄱㅅ・ㄹㄱ	삯[삭]賃金 읽다[익따]読む
② ㄴ類	[-n]	ㄴ	ㄴㅈ・ㄴㅎ	앉다[안따]座る 많다[만타]多い
③ ㄷ類	[-t]	ㄷ・ㅅ・ㅈ・ㅊ・ㅌ・ㅎ・ㅆ		
④ ㄹ類	[-l]	ㄹ	ㄹㅂ・ㄹㅅ・ㄹㅌ・ㄹㅎ	여덟[여덜]八つ 싫다[실타]嫌だ
⑤ ㅁ類	[-m]	ㅁ	ㄹㅁ	삶[삼]人生
⑥ ㅂ類	[-p]	ㅂ・ㅍ	ㅂㅅ・ㄹㅍ	없다[업따]ない・いない
⑦ ㅇ類	[-ng]	ㅇ		

練習1 読んでみましょう。

① 닭 鶏　　② 앉다 座る 　　③ 읽다 読む 　　④ 여덟 八つ

練習2 発音どおりにハングルで書いてみましょう。

① 밝다 明るい [pak'tta]	[ ]	③ 맑다 澄んでいる [mak'tta]	[ ]
② 짧다 短い [zzal'tta]	[ ]	④ 없다 ない・いない [ōp'tta]	[ ]

一言レッスン

A : 괜찮아요? 大丈夫ですか。

B : 네, 괜찮아요. はい、大丈夫です。

響くパッチムと詰まるパッチムに共通する口の形

響くパッチム	口の形	詰まるパッチム
ㅇ[ng]	口を開ける	ㄱ[k]
ㄴ[n]	上下の歯で舌先を軽く挟む	ㄷ[t]
ㅁ[m]	唇を閉じる	ㅂ[p]
ㄹ[l]	舌を巻いて上の歯茎につける	

色塗りパズル

次のハングル文字の中でパッチムのある文字を探して色を塗ってみましょう。
さあ、どんな絵が出来るのでしょうか。

오	느	르	지	베	서	뭐	하	니	바	께	느	비	가	오
고	와	이	에	애	배	볼	인	귀	머	아	라	리	요	쓰
이	다	비	서	뽀	란	누	왜	너	휘	쇼	취	오	본	뽕
써	자	라	쩨	툭	소	주	누	규	계	어	미	일	라	다
서	이	오	살	파	서	나	오	리	과	리	강	프	라	드
요	후	공	거	리	바	버	야	빠	캬	산	주	쿠	케	더
커	에	턱	술	콩	곡	무	퐁	뿡	짝	득	겨	니	호	와
피	끄	넌	세	세	각	감	값	쿠	리	속	띠	세	스	이
나	찌	박	이	혜	국	어	삶	기	나	만	찌	체	리	타
차	따	벅	파	라	충	궤	앙	어	아	쿵	끄	쑤	라	도
라	고	살	선	걱	삼	궈	생	팡	클	숭	아	캐	카	이
도	세	바	거	치	서	그	므	캐	러	가	시	어	네	파
마	워	구	키	추	가	루	기	도	아	시	러	커	러	이
시	이	야	기	나	누	시	다	그	리	고	게	서	사	미
며	춰	서	쉐	뵈	외	뭐	셔	샤	트	베	호	허	짜	구

辞書の引き方

子音字母の「ㄱㄴㄷㄹㅁㅂㅅㅇㅈㅊㅋㅌㅍㅎ」は「あかさたなはまやらわ」のような「行」に当たり、「ㅏㅑㅓㅕㅗㅛㅜㅠㅡㅣ」は「あいうえお」のような「段」に当たります。

では、韓国語の「봄」という単語を辞書から引いてみましょう。

봄 (春)	ㅂ → 初声	① 初声の「ㅂ」を探す
	ㅗ → 中声	② 中声の「ㅗ」を探す
	ㅁ → 終声	③ 終声の「ㅁ」を探す

初声である子音の順序

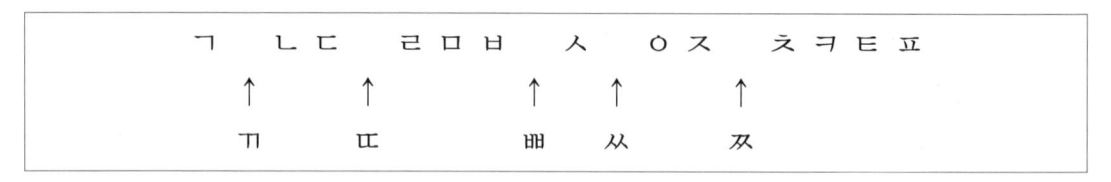

ㄱ ㄴ ㄷ ㄹ ㅁ ㅂ ㅅ ㅇ ㅈ ㅊ ㅋ ㅌ ㅍ
↑　　　↑　　　　　↑　↑　↑
ㄲ　　ㄸ　　　　　ㅃ ㅆ ㅉ

中声である母音の順序

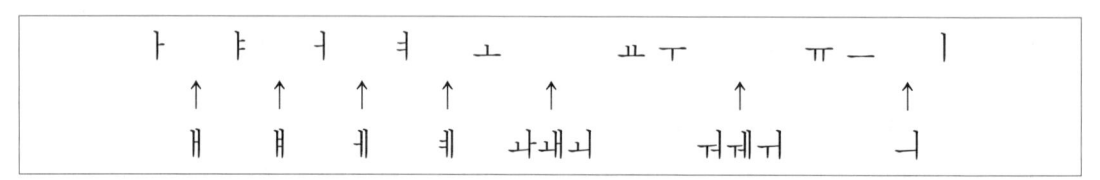

ㅏ ㅑ ㅓ ㅕ ㅗ 　　 ㅛ ㅜ 　　 ㅠ ㅡ ㅣ
↑ ↑ ↑ ↑ ↑ 　　　　↑ 　　　　　↑
ㅐ ㅒ ㅔ ㅖ ㅘㅙㅚ 　ㅝㅞㅟ　　 ㅢ

終声である子音の順序

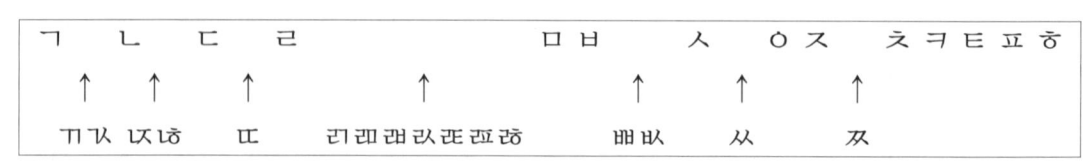

ㄱ ㄴ ㄷ ㄹ 　　　　ㅁ ㅂ ㅅ ㅇ ㅈ ㅊ ㅋ ㅌ ㅍ ㅎ
↑ ↑ ↑ ↑ 　　　　　　↑ ↑ ↑
ㄲㄳ ㄵㄶ ㅌ ㄺㄻㄼㄽㄾㄿㅀ 　ㅄ ㅆ ㅉ

🔍 次の単語の意味を辞書で探してみましょう。

① 비행기 _____　② 구름 _____

③ 얼굴 _____　④ 모래 _____

⑤ 꽃 _____　⑥ 빨리 _____

発音のルール

韓国語には先に紹介した有声音化(13頁、33頁参照)や濃音化(34頁参照)の他に、発音をなめらかにするための工夫として、いくつかの発音のルールがあります。発音をよりしやすくするための工夫ですので発音のルールをしっかり覚えていきましょう。

1. 連音化

パッチムの後に「ㅇ」から始まる母音字母が続くと、パッチムは「ㅇ」の位置に移って発音されます。この発音のルールを連音化といいます。

> 일본어 → [일보너]日本語　　　한국어 → [한구거]韓国語
> 발음 → [바름]発音　　　　　음악 → [으막]音楽

注意

① パッチム「ㅇ[ng]」の後に母音「ㅇ[-]」が続く場合は連音化しません。
　例　종이 → [종이]紙　　　　　형이 → [형이]兄が

② パッチム「ㅎ」の後に「ㅇ」が続いた場合は、パッチム「ㅎ」は無音になります。
　これを「ㅎ」の無音化といいます。
　例　좋아요 → [조아요]いいです　　낳아요 → [나아요]生みます

③ 二重パッチムの場合は、一般的に右側のパッチムだけが次の母音字母「ㅇ」のところに移動して発音されます。この際、左側はそのまま残ってパッチムの発音になります。
　例　짧아요[짤바요]短いです　　　젊은이[절므니]若者
　※ ただし、濃音「ㄲ・ㅆ」パッチムは一緒に移って発音されます。
　例　있어요 → [이써요]あります　　밖으로 → [바끄로]外に

練習 次の単語を発音どおりに書いてみましょう。

単語	発音	単語	発音
① 앞에 前に	[　　]	④ 밖에 外に	[　　]
② 싫어요 いやです	[　　]	⑤ 앉아요 座ります	[　　]
③ 강아지 子犬	[　　]	⑥ 넓이 広さ	[　　]

2. 鼻音化

(1) 「ㄱ,ㄷ,ㅂ」の鼻音化

詰まる音のパッチム [ㄱ(k)+ㄷ(t), ㅂ(p)] の後に鼻音 [ㄴ(n)・ㅁ(m)] で始まる音節が続くと詰まる音のパッチムは、[ㅇ(ng), ㄴ(n), ㅁ(m)] に変わって発音されます。これを鼻音化といいます。

詰まるパッチムの音	パッチムの次にくる子音字母	響くパッチムの音
[ㄱ(k)] [ㄷ(t)] [ㅂ(p)]	+ ㄴ ㅁ ⇒	[ㅇ(ng)] [ㄴ(n)] [ㅁ(m)]

① パッチム [ㄱ(k)] が [ㅇ(ng)] に変わる場合
　　例 국내 → [ㄱ+ㄴ→ㅇ+ㄴ] → [궁내]国内
　　　국민 → [ㄱ+ㅁ→ㅇ+ㅁ] → [궁민]国民

② パッチム [ㄷ(t)] が [ㄴ(n)] に変わる場合
　　例 몇년 → [ㄷ+ㄴ→ㄴ+ㄴ] → [면년]何年
　　　잇몸 → [ㄷ+ㅁ→ㄴ+ㅁ] → [인몸]歯茎

③ パッチム [ㅂ(p)] が [ㅁ(m)] に変わる場合
　　例 입니다 → [ㅂ+ㄴ→ㅁ+ㄴ] → [임니다]です
　　　십만 → [ㅂ+ㅁ→ㅁ+ㅁ] → [심만]10万

(2) 「ㄹ」の鼻音化

[ㄱ,ㅂ,ㅁ,ㅇ]音のパッチムの後に [ㄹ] で始まる音節がくると [ㄹ→ㄴ] に変わって発音されます。
　　例 [ㄱ(k)] + ㄹ → (ㄱ+ㄴ) → 국립[국닙] → [궁닙]国立
　　　[ㅂ(p)] + ㄹ → (ㅂ+ㄴ) → 법률[법뉼]法律
　　　[ㅁ(m)] + ㄹ → (ㅁ+ㄴ) → 심리[심니]心理
　　　[ㅇ(ng)] + ㄹ → (ㅇ+ㄴ) → 대통령[대통녕]大統領

練習 次の単語を発音どおりに書いてみましょう。

単語	発音	単語	発音
① 옛날 昔	[　　]	④ 정류장 バス停	[　　]
② 거짓말 嘘	[　　]	⑤ 한국말 韓国語	[　　]
③ 작년 昨年	[　　]	⑥ 학력 学歴	[　　]

3. 激音化

平音の「ㄱ, ㄷ, ㅂ, ㅅ, ㅈ」はその前後に「ㅎ」が来ると、それぞれ「ㅋ」「ㅌ」「ㅍ」「ㅊ」の激音に変わって発音されます。

(1)「ㄱ+ㅎ」→「ㅋ」　　　　축하 → [추카]祝賀
(2)「ㅅ+ㅎ」→「ㄷ+ㅎ」→「ㅌ」　못하다 → [몯하다] → [모타다]出来ない
(3)「ㅂ+ㅎ」→ 「ㅍ」　　　입학 → [이팍]入学
(4)「ㅈ+ㅎ」→ 「ㅊ」　　　좋지요 → [조치요]良いですね

練習 次の単語を発音どおりに書いてみましょう。 MP3 30

単語	発音	単語	発音
① 백화점百貨店	[　　]	④ 법학法学	[　　]
② 많다多い	[　　]	⑤ 놓다置く	[　　]
③ 부탁해요お願いします	[　　]	⑥ 따뜻해요暖かいです	[　　]

4.「ㅎ」音の弱化

子音字母の「ㅎ」は語頭では明瞭に発音されますが、パッチム「ㄴ・ㄹ・ㅁ・ㅇ」の後に「ㅎ」が続くと「ㅎ」の音は弱音化し、発音されなかったり、極めて小さな音になります。また「ㅎ」の後に「ㅇ」が続くと「ㅎ」は消えて発音されなくなります。

(1) ㄴ・ㄹ・ㅁ・ㅇ+ㅎ：「ㅎ」音が弱くなって連音化される。

「ㄴ+ㅎ」→ 전화[전와] → [저놔]電話
「ㄹ+ㅎ」→ 잘하다[잘아다] →[자라다]上手だ
「ㅁ+ㅎ」→ 담화[담와] → [다마]談話
「ㅇ+ㅎ」→ 안녕히[안녕이]安らかに

(2) ㅎ+ㅇ：「ㅎ」音が消える

「ㅇ+ㅎ」→ 좋아요[조아요]良いです
「ㄶ+ㅎ」→ 많이[만이] → [마니]多く
「ㅀ+ㅎ」→ 끓어요[글어요] → [끄러요]沸きます

練習 次の単語を発音どおりに書いてみましょう。 MP3 31

単語	発音	単語	発音
① 은행銀行	[　　]	③ 위험해危ない	[　　]
② 간호사看護士	[　　]	④ 잘해요上手です	[　　]

5. 流音化

「ㄴ(ニウン)」パッチムの後に「ㄹ(リウル)」が続くか、または「ㄹ」パッチムの後に、「ㄴ」が続くと「ㄴ」は「ㄹ」に変わります。これを流音化といいます。

(1) 「ㄴ+ㄹ」→「ㄹ+ㄹ」

편리 → [펄리]便利　　신라 → [실라]新羅

(2) 「ㄹ+ㄴ」→「ㄹ+ㄹ」

설날 → [설랄]元旦　　언론 → [얼론]言論

練習 次の単語を発音どおりに書いてみましょう。　MP3 32

単語	発音	単語	発音
① 연락 連絡	[　　]	③ 일년 一年	[　　]
② 인류 人類	[　　]	④ 진료 診療	[　　]

6. 口蓋音化

パッチム「ㄷ(ディグッ)」と「ㅌ(ティウッ)」の後に「이」が続くと、「ㄷ(ディグッ)」は「ㅈ(ジウッ)」に、「ㅌ(ティウッ)」は「ㅊ(チウッ)」に変化します。これを口蓋音化といいます。

(1) ㄷ+이 → ㅈ+이：굳이[구지] あえて
(2) ㅌ+이 → ㅊ+이：같이[가치] 一緒に

練習 次の単語を発音どおりに書いてみましょう。　MP3 33

単語	発音	単語	発音
① 맏이 長男	[　　]	③ 미닫이 引き戸	[　　]
② 논밭이 田畑が	[　　]	④ 밥솥이 飯釜が	[　　]

7. ㄴ音の挿入

合成語で、前の語がパッチムで終わり、後ろの語が「이, 야, 여, 요, 유」のヤ行で始まる場合、ヤ行にㄴ音が添加され、「니, 냐, 녀, 뇨, 뉴」と発音されます。さらに、「ㄴ音」が添加されることによって流音化になる場合もあります。

(1) 알약[알략]錠剤

알粒＋약薬：알＋약→[냑] ⇒ [알냑] → [알략]

(2) 서울역[서울력]ソウル駅

서울ソウル＋역駅：서울＋역→[녁] ⇒ [서울녁] → [서울력]

(3) 한국요리[한궁뇨리]韓国料理

한국韓国＋요리料理：한국＋요리→[뇨리] ⇒ [한국뇨리] → [한궁뇨리]

(4) 식용유[시굥뉴]食用油

식용食用＋유油：식용＋유→[뉴] ⇒ [시굥뉴]

練習 次の単語を発音どおりに書いてみましょう。

単語	発音	単語	発音
① 소독약 消毒薬	[ ]	② 무슨 요일 何曜日	[ ]
③ 꽃잎 花びら	[ ]	④ 휘발유 ガソリン	[ ]

初めてのリーディング

여러분, 발음 공부 재미있었어요?
　　　　　[바름]　　　[재미이써써요]

한국말을 좀 더 공부해서 한국에도 가 보세요.
[한궁마를]　　　　　　　　[한구게도]

한국은 사계절이 뚜렷한 살기 좋은 나라입니다.
[한구근] [사게저리] [뚜려탄]　　　[조은]　　[임니다]

교통시설도 편리하고, 안전합니다.
　　　　　　[펼리]　　　[안저남니다]

한국에 가서 맛있는 한국요리도 먹고,
[한구게]　　　[마신는] [한궁뇨리]　　[먹꼬]

아름다운 문화 유산도 많이 보고 오세요.
　　　　　[무놔]　　　　[마니]

즐거운 추억이 될 거예요.
　　　　　[추어기]　　[꺼에요]

皆さん、発音の勉強は楽しかったですか。
韓国語をもう少し勉強して韓国にも行ってみてください。
韓国は四季がはっきりしている住みやすい国です。
交通施設も便利で、安全です。
韓国に行って美味しい韓国料理も食べて
美しい文化遺産もたくさん見て来てください。
楽しい思い出になるでしょう。

第二部

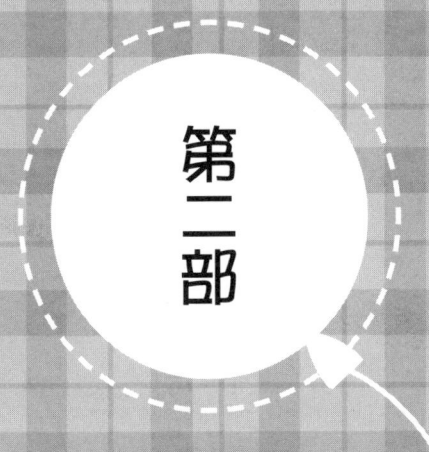

会話編

会話編のストーリーと登場人物

스토리 ストーリー

　　木村有海は日本大学の二年生。偶然耳にしたK-POPから韓国に興味を持ち、韓ドラ大好きのおばあさんの影響で時々韓国のドラマを見ているうちに、韓国の生活風習や文化を実際に体験してみたいと思うようになる。そこで、おばあさんをはじめとした家族の応援に励まされ、韓国への短期留学を実行。

　　韓国が初めての有海のために、大学側ではボランティアのチューターとしてイ・ホイルを紹介してくれる。わくわくドキドキしながら仁川空港に降り立った有海を待っていたのは、優しい笑顔のイ・ホイル。アルミとホイルの出逢いから物語は始まる。

등장인물 登場人物

기무라 아루미
（木村有海、きむら あるみ）
日本人、19歳、大学生
豚肉大好きな肉食系女子

이호일
（李浩一、イ・ホイル）
韓国人、19歳、大学生
気さくで明るい性格の持ち主

호일이 어머니
（ホイルのお母さん）
韓国人、45歳、専業主婦
ホイルが面倒を見ている有海を
家族のように迎え入れ、
韓国の文化や料理などを教える

第6課 저는 기무라 아루미라고 합니다.
私は木村有海といいます。

> **学習ポイント**
> 1. ~은/는　　　　　　　　　~は
> 2. ~(이)라고 합니다　　　　~といいます
> 3. ~입니다/~입니까?　　　　~です/~ですか

① 아루미: 저… 이호일 씨 입니까?
② 호　일: 네, 처음 뵙겠습니다. 이호일입니다.
③ 아루미: 안녕하세요?
④　　　　 저는 기무라 아루미라고 합니다.
⑤ 호　일: 만나서 반갑습니다.
⑥　　　　 한국은 처음입니까?
⑦ 아루미: 네, 처음입니다.
⑧　　　　 잘 부탁합니다.

和訳
① あるみ: あの…、イ・ホイルさんですか。
② ホイル: はい、はじめまして。イ・ホイルです。
③ あるみ: こんにちは。
④　　　　 私は木村有海といいます。
⑤ ホイル: お会いできて嬉しいです。
⑥　　　　 韓国は初めてですか。
⑦ あるみ: はい、初めてです。
⑧　　　　 よろしくお願いします。

新しい単語と表現 Check!

처음 뵙겠습니다	はじめまして	안녕하세요?	朝・昼・晩のいつでも使えるあいさつの言葉
저	私		
~은/는	~は	만나서 반갑습니다.	お会いできて嬉しいです。(実際には「만나서」を省略し、「반갑습니다」だけであいさつをする場合も多いです。)
~입니다 / ~입니까?	名詞+です/名詞+ですか。		
~(이)라고 합니다	~と申します/~といいます。		
한국	韓国		
처음	初めて	잘 부탁합니다.	よろしくお願いします

> **ミニ知識**
> 韓国語の品詞は用言と体言に大別されます。用言は原形の形が変わるもので動詞、形容詞、存在詞、指定詞などがあり、名詞、代名詞、数詞などを体言といいます。

文法&練習コーナー

1 ～은/는(助詞)：～は

助詞「～은」と「～는」は、日本語の「～は」にあたり、主語となる名詞の後ろにつきます。名詞の最後の文字にパッチムがある場合は「～은」、パッチムがない場合は「～는」をつけます。

> 名詞の最後にパッチムがある場合＋은
> 名詞の最後にパッチムがない場合＋는

例 한국은 韓国は
　　저는 私は

練習1 次の言葉に「～은/는」をつけて言ってみましょう。

① 우리 （　　）私たちは　　② 동생 （　　）弟は・妹は
③ 선생님（　　）先生は　　④ 어머니（　　）お母さんは

2 名詞＋입니다[発音 임니다]／名詞＋입니까[発音 임니까]？：「～です／～ですか」

「～입니다」は、名詞の後ろについて日本語の「～です」という意味を表す語尾です。疑問文では「～입니까?」となり、必ず「?」をつけます。

練習2 例にならって[　　]の中を入れかえて言ってみましょう。

> 例 [친구]입니다. 友達です。
> 　　[선생님]입니까? 先生ですか。

① 교과서 教科書　　② 사전 辞書　　③ 생일 誕生日　　④ 지우개 消しゴム

3 ～(이)라고 합니다[発音 함니다]：～といいます

> 名詞の最後にパッチムがある場合＋이라고 합니다
> 名詞の最後にパッチムがない場合＋라고 합니다

例 제 이름은 김삼순이라고 합니다. 私の名前はキム・サムスンといいます。
　　저는 하나코라고 합니다. 私は花子といいます。

練習3 次の名前に「～은/는 ～(이)라고 합니다」をつけて言ってみましょう。

① 이 사람 この人 / 오노 슌스케 小野俊介
② 저 私 / 기무라 켄 木村健
③ 제 이름 私の名前 / 이민경 イ・ミンギョン

会話練習コーナー

練習1 例のように「〜は〜ですか」の文を作ってみましょう。

例) 친구 友達 / 학생 学生 → 친구는 학생입니까? 友達は学生ですか?

① 이 사람 この人 / 누구 誰 _____

② 언니 お姉さん / 대학생 大学生 _____

③ 여기 ここ / 도서관 図書館 _____

練習2 例のように「〜は〜です」の文を作ってみましょう。

例) 선생님 先生 / 한국사람 韓国人 → 선생님은 한국사람입니다. 先生は韓国人です。

① 스즈키씨 鈴木さん / 학생 学生 _____

② 아버지 父 / 의사 医者 _____

③ 친구 友達 / 가수 歌手 _____

練習3 [　]の中を入れかえて会話文を作ってみましょう。

例) A:[¹]은/는 [²]입니까? [1]は[2]ですか。
　　B:네, [³] 입니다. はい、[3]です。

① ¹누나 お姉さん / ²회사원 会社員 / ³회사원 会社員

A: _____ B: _____

② ¹이 사람 この人 / ²일본사람 日本人 / ³일본사람 日本人

A: _____ B: _____

③ ¹오빠 お兄さん / ²학생 学生 / ³학생 学生

A: _____ B: _____

練習4 次の表現の後に「〜(이)라고 합니다」を入れて言ってみましょう。

① 저는 私は _____

② 제 친구는 私の友達は _____

③ 선생님 이름은 先生の名前は _____

第6課　저는 기무라 아루미라고 합니다

ハングル能力検定試験対策

覚えよう!!   ハングル能力検定出題単語(5級)

학생	学生	아버지	お父さん	할아버지	祖父	남자	男の人
친구	友達	어머니	お母さん	할머니	祖母	여자	女の人
선생님	先生	사람	人	가족	家族	아이	こども

チャレンジ!!   ハングル能力検定対策問題

発音どおりに表記したものを①～④の中から1つ選びなさい。

1 맛있어요
　① 마이서요　　② 마시쎠요　　③ 마지서요　　④ 마시서요

2 식당
　① 싣당　　② 싯당　　③ 식땅　　④ 시땅

次の日本語の意味を正しく表記したものを①～④の中から1つ選びなさい。

3 友達
　① 칭구　　② 친구　　③ 침구　　④ 친쿠

( )の中に入れるのに適切なものを①～④の中から1つ選びなさい。

4 어머니(　　) 일본 사람입니다
　① 은　　② 를　　③ 는　　④ 이

5 제 이름은 김민수 (　　　　　).
　① 이라고 합니다　② 습니다　③ 입니다　④ 이에요

チンチャ 진짜? そうなの?

世界で一番名字の数が多い日本には、100人以上が使う名字が30万通り以上あるといわれています。ヨーロッパは5万通り、中国は3500通りぐらいあるといわれています。それでは韓国は?韓国で100人以上が使う名字は300通りあります。その中で「金(21%)、李(15%)、朴(8.5%)、崔(4.7%)、鄭(4.4%)」が人口の半分以上を占めています。このように名字の数が少ない韓国では、名字に「さん」をつけて呼ぶと、区別もつかないし、人を見下す言い方にも聞こえます。韓国人に会ったら、初対面の人にはフルネームに「シ(씨)」をつけて呼び、仲良くなったら下の名前に「シ(씨)」をつけて呼んでみましょう。

맞~나? (マ〜ンナ)　そーなんだ(釜山地域方言)

第7課

국은 왼쪽이 아닙니다.
スープは左側ではありません。

> **学習ポイント**
> 1. ~이/가　　　　　　　　　　~が
> 2. ~이/가 아닙니다　　　　　~ではありません
> 3. 이, 그, 저, 어느(指示代名詞)　この、その、あの、どの

① 아루미 : 호일 씨, 국은 왼쪽입니까?
② 호　일 : 아뇨, 국은 왼쪽이 아닙니다.
③ 　　　　오른쪽입니다.
④ 아루미 : 아, 그래요?
⑤ 　　　　이게 젓가락입니까?
⑥ 호　일 : 아뇨, 그건 젓가락이 아닙니다.
⑦ 　　　　숟가락입니다.
⑧ 아루미 : 아, 너무 어려워요.

和訳
① あるみ：ホイルさん、スープは左側ですか。
② ホイル：いいえ、スープは左側ではありません。
③ 　　　　右側です。
④ あるみ：あ、そうですか。
⑤ 　　　　これがチョッカラク(箸)ですか。
⑥ ホイル：いいえ、それはチョッカラク(箸)ではありません。
⑦ 　　　　スッカラク(スプーン)です。
⑧ あるみ：あ〜、本当に難しいです。

新しい単語と表現 Check!

~씨	~さん	이게	これが
국	汁物、スープ	~이/가 아닙니다	~ではありません
왼쪽	左側	젓가락	箸
아뇨	いいえ	그건	それは
~이/가	~が	숟가락	スプーン、匙
밥	ご飯	어려워요	難しいです
오른쪽	右側	너무	本当に、とても
그래요?	そうですか		

> **ミニ知識**
> 韓国語には、発音をしやすくするため「이/가」のように同じ意味の助詞が二つあるものがあります。

文法&練習コーナー

1 〜이/가(助詞)：〜が

助詞「〜이」と「〜가」は日本語の「〜が」にあたり、主語となる名詞の後ろにつきます。名詞の最後の文字にパッチムがある場合は「〜이」、パッチムがない場合は「〜가」をつけます。

名詞の最後にパッチムがある場合+이
名詞の最後にパッチムがない場合+가

例 선생님이 [発音 선생니미] 先生が
친구가 友達が

練習1 次の言葉に「〜이/가」をつけて言ってみましょう。

① 비빔밥(　　) ビビンバが　　② 후쿠오카(　　) 福岡が
③ 스시 (　　) 寿司が　　　　 ④ 서울　 (　　) ソウルが

2 名詞+이/가 아닙니다 [発音 아님니다]：〜ではありません

「〜이/가 아닙니다」は、日本語の「〜ではありません」という意味で、名詞の後ろにつきます。名詞の最後の文字にパッチムがある場合は「〜이 아닙니다」、パッチムがない場合は「〜가 아닙니다」をつけます。また、「〜ではありませんか」と疑問文にする時は、最後の「다」を「까?」に変えて「〜이/가 아닙니까?」となります。

名詞の最後にパッチムがある場合+이 아닙니다
名詞の最後にパッチムがない場合+가 아닙니다

例 교실이 아닙니다. 教室ではありません。
언니가 아닙니다. 姉ではありません。

練習2 例のように質問に対して「〜이/가 아닙니다」で答えてみましょう。

例 이건 책입니까? これは本ですか。 → 아뇨, 책이 아닙니다. いいえ、本ではありません。

① 오빠兄는 대학생大学生입니까?　　→ 아뇨, ＿＿＿＿＿＿
② 누나姉는 회사원会社員입니까?　　→ 아뇨, ＿＿＿＿＿＿
③ 아버지父는 공무원公務員입니까?　→ 아뇨, ＿＿＿＿＿＿

3 指示代名詞

	人	物(縮約形)	場所	方向
이 この	이 사람/분 この人/方	이것(이거) これ	여기 ここ	이쪽 こちら
그 その	그 사람/분 その人/方	그것(그거) それ	거기 そこ	그쪽 そちら
저 あの	저 사람/분 あの人/方	저것(저거) あれ	저기 あそこ	저쪽 あちら
어느 どの	어느 사람/분 どの人/方	어느것(어느거) どれ	어디 どこ	어느 쪽 どちら

練習3 例にならって[ ]の中を入れかえて練習してみましょう。

例 [여기]는 어디입니까? [ここ]はどこですか。 / [이것]은 무엇입니까? [これ]は何ですか。

① 거기 そこ / 저것 あれ　　　② 저기 あそこ / 그것 それ

会話練習コーナー

練習1 例のように「〜が〜ではありませんか」の文を作ってみましょう。

例) 친구 友達 / 한국사람 韓国人 → 친구가 한국사람이 아닙니까? 友達が韓国人ではありませんか。

① 부산 釜山 / 수도 首都 ＿＿＿＿＿＿＿＿＿＿＿＿＿＿＿＿

② 아버지 お父さん / 회사원 会社員 ＿＿＿＿＿＿＿＿＿＿＿＿＿＿＿＿

③ 저기 あそこ / 화장실 トイレ ＿＿＿＿＿＿＿＿＿＿＿＿＿＿＿＿

練習2 例のように「〜は〜ではありません」の文を作ってみましょう。

例) 이것 これ / 주스 ジュース → 이것은 주스가 아닙니다. これはジュースではありません。

① 여기 ここ / 공항 空港 ＿＿＿＿＿＿＿＿＿＿＿＿＿＿＿＿

② 오늘 今日 / 휴일 休日 ＿＿＿＿＿＿＿＿＿＿＿＿＿＿＿＿

③ 토마토 トマト / 과일 果物 ＿＿＿＿＿＿＿＿＿＿＿＿＿＿＿＿

練習3 [ ]の中を入れかえて会話文を作ってみましょう。

例) A: [¹]은/는 [²]입니까? [1]は[2]ですか。
B: 아뇨, [²]이/가 아닙니다. いいえ、[2]ではありません。

① ¹이것 これ / ²돼지고기 豚肉

A: ＿＿＿＿＿＿＿＿＿＿ B: ＿＿＿＿＿＿＿＿＿＿

② ¹식당 食堂 / ²저쪽 あちら

A: ＿＿＿＿＿＿＿＿＿＿ B: ＿＿＿＿＿＿＿＿＿＿

③ ¹인사동 仁寺洞(インサドン) / ²이쪽 こちら

A: ＿＿＿＿＿＿＿＿＿＿ B: ＿＿＿＿＿＿＿＿＿＿

練習4 次の絵を見ながら、下のように話してみましょう。

이 사람은 친구입니까? この人は友達ですか。

아뇨, 친구가 아닙니다. 여동생입니다. いいえ、友達ではありません。妹です。

여기가 서울입니까? ここがソウルですか。

아뇨, 거기는 서울이 아닙니다. 도쿄입니다. いいえ、そこはソウルではありません。東京です。

第7課　국은 왼쪽이 아닙니다

ハングル能力検定試験対策

覚えよう!! ハングル能力検定出題単語(5級)

가슴	胸	다리	脚	발	足	입	口
귀	耳	머리	頭	손	手	코	鼻
눈	目	몸	体	얼굴	顔	팔	腕

チャレンジ!! ハングル能力検定対策問題

◇ 発音どおりに表記したものを①～④の中から1つ選びなさい。

1 젓가락
① 젇가락　　② 젇까락　　③ 젇가락　　④ 젇까락

◇ 次の日本語の意味を正しく表記したものを①～④の中から1つ選びなさい。

2 体
① 눈　　② 발　　③ 몸　　④ 코

◇ 次の韓国語の意味を正しく表記したものを①～④の中から1つ選びなさい。

3 허리
① 口　　② 頭　　③ 胸　　④ 腰

◇ ( )の中に入れるのに適切なものを①～④の中から1つ選びなさい。

4 여기(　　) 후쿠오카입니다
① 가　　② 를　　③ 이　　④ 은

5 이 사람은 제 동생 (　　　　).
① 이 아닙니다　② 이 아닙니다　③ 가 아닙니다　④ 가 아닙니다

チンチャ 진짜? そうなの?

韓国では食事をするとき、おわんなどはテーブルに置いたまま、ご飯や汁物などはスプーンで食べ、他のおかずはお箸で食べます。スプーンとお箸は一緒に持って使ってはいけません。また、スプーンとお箸は縦置きにして、テーブルの右側にスプーン、お箸の順に並べます。
それから、韓国では年上の人を大事にする伝統があり、家庭で食事をするときはまず目上の人が食べ始めてから他の家族も食事を始めます。なお、年上の人と一緒にお酒を飲むときは、顔を合わせず体を少し横にして飲むのも韓国の重要なマナーです。

マ～ンナ
맞~나 そーなんだ(釜山地域方言)

ブラッシュアップ Brushup

□ 韓国地図（韓国の主要都市）

서울　춘천
인천
세종　안동
전주　경주
광주　부산
제주도

퀴즈 クイズ

次の質問を読んで、上の地図から答えを見つけてみましょう。

1. 韓国の首都は?
2. ドラマ「冬のソナタ」のロケ地として知られている所は?
3. 韓国の中部にある行政中心複合都市として特別自治市と呼ばれる所は?
4. 世界的にも高く評価されている24時間体制の韓国第一の国際空港のある所は?
5. 日本の京都に例えられる歴史都市として、春のマラソン大会でも有名な所は?
6. 伝統的な姿を多く残している村として、伝統的なお面などで有名な所は?
7. 福岡から高速船に乗ると3時間以内に着く韓国第2の都市は?
8. ビビンパの発祥地として知られている所は?
9. ビエンナーレなどで有名な文化都市として「光のまち」とも呼ばれる所は?
10. 韓国で一番大きい島で、観光や新婚旅行などで人気のある所は?

第7課　국은 왼쪽이 아닙니다

ブラッシュアップ Brushup

☐ 家族関係とさまざまな呼称

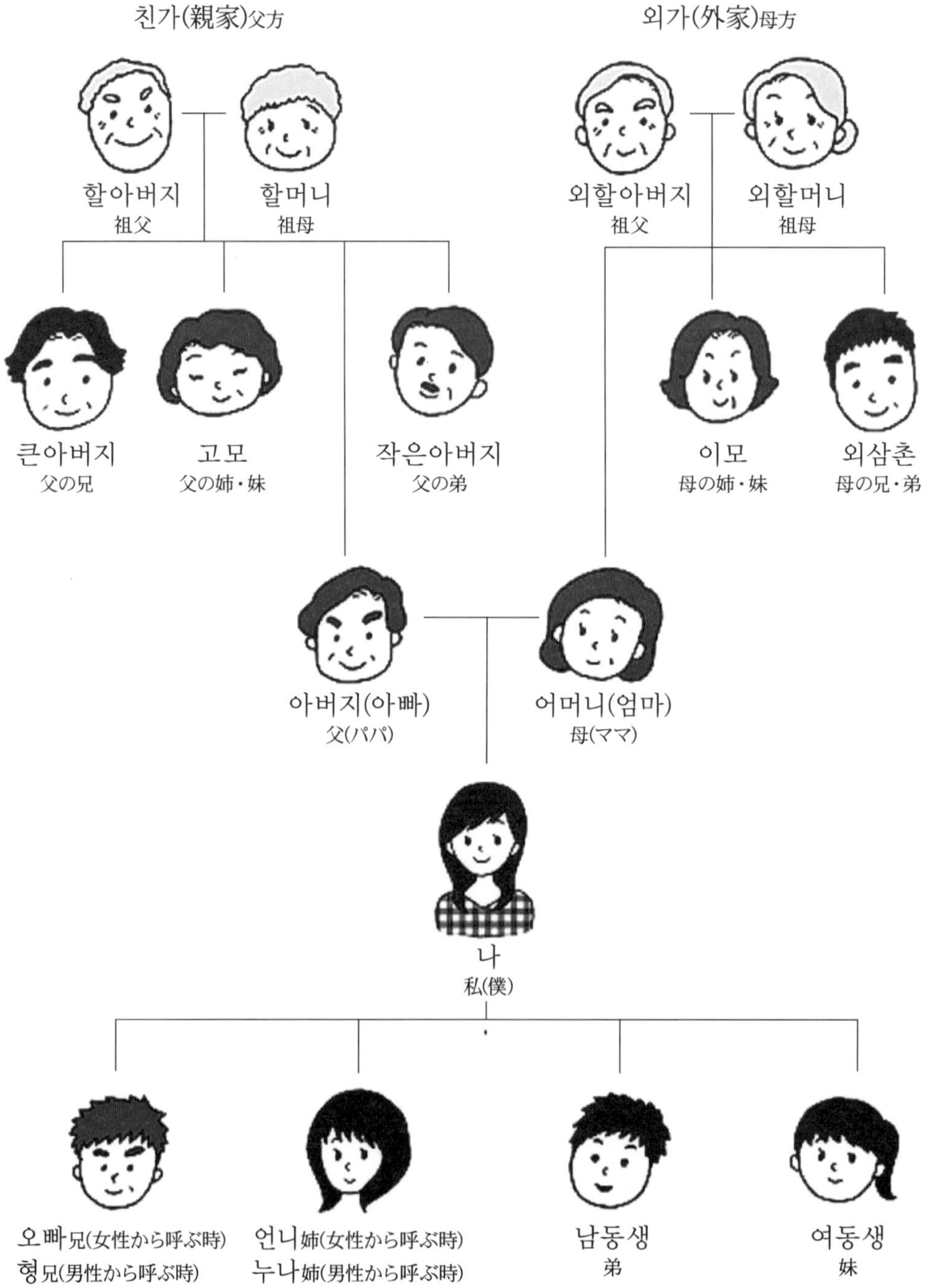

친가(親家)父方

할아버지
祖父

할머니
祖母

외가(外家)母方

외할아버지
祖父

외할머니
祖母

큰아버지
父の兄

고모
父の姉・妹

작은아버지
父の弟

이모
母の姉・妹

외삼촌
母の兄・弟

아버지(아빠)
父(パパ)

어머니(엄마)
母(ママ)

나
私(僕)

오빠兄(女性から呼ぶ時)
형兄(男性から呼ぶ時)

언니姉(女性から呼ぶ時)
누나姉(男性から呼ぶ時)

남동생
弟

여동생
妹

第8課

아저씨가 아니에요.
おじさんではありません。

> **学習ポイント**
> 1. ~을/를 　　　　　　　　　　　　　　　　~を
> 2. ~이에요(?)/~예요(?)・~이/가 아니에요(?)　~です(か)・~ではありません(か)
> 3. ~이(가) 아니라 　　　　　　　　　　　　~ではなくて

1 호　일：아저씨, 이 나물 이름이 뭐예요?
2 점　원：그건 고사리예요.
3 아루미：그럼 저건 무슨 나물이에요?
4 점　원：그건 시래기예요.
5 아루미：네? 쓰레기?
6 점　원：쓰레기가 아니라 시래기예요.
7 　　　　　그리고 저도 아저씨가 아니에요.
8 아루미：어머… 죄송합니다.

和訳
① ホイル：おじさん、このナムルの名前は何ですか。
② 店　員：それはわらびです。
③ あるみ：では、あれは何というナムルですか。
④ 店　員：あれはシレギです。
⑤ あるみ：えっ?スレギ(ゴミ)?
⑥ 店　員：スレギ(ゴミ)ではなくシレギです。
⑦ 　　　　そして、私もおじさんではありません。
⑧ あるみ：あら、すみません。

新しい単語と表現 Check!

아저씨	おじさん	쓰레기	ゴミ
이건	これは(이것은の縮約)	무슨	何の、何という
그건	それは(그것은の縮約)	그럼	では、じゃ
저건	あれは(저것은の縮約)	뭐예요?	何ですか
이에요/예요	です	그리고	それから、そして
고사리	わらび、ぜんまい	~이/가 아니에요	~ではありません
나물	ナムル	어머	あら
시래기	シレギ(白菜の葉を干したもの)	죄송합니다	すみません

> **ミニ知識**
> 山菜などの和え物を表す「ナムル」は、キキョウの根っこ(トラジ)、ワラビ(コサリ)、大豆もやし(コンナムル)、ほうれん草(シグムチ)などで作ります。

文法&練習コーナー

1　~을/를(助詞):~を

　助詞「~을」と「~를」は日本語の「~を」にあたり、目的語となる名詞の後ろにつきます。名詞の最後の文字にパッチムがある場合は「~을」、パッチムがない場合は「~를」をつけます。

名詞の最後にパッチムがある場合+을
名詞の最後にパッチムがない場合+를

例　한국을[発音 한구글] 韓国を
　　숙제를[発音 숙쩨를] 宿題を

練習1　次の言葉に「~을/를」をつけて言ってみましょう。

① 일본(　　　　) 日本を　　　② 약속 (　　　　) 約束を
③ 야구(　　　　) 野球を　　　④ 오렌지(　　　　) オレンジを

2　名詞+이에요/예요(?)・이/가 아니에요(?):~です(か)・~ではありません(か)

　「~이에요/예요[発音 에요]・~이/가 아니에요」はカジュアルな場面でよく使われます。肯定文では、名詞の最後の文字にパッチムがある場合は「~이에요」、パッチムがない場合は「~예요」をつけます。否定文では名詞の最後の文字にパッチムがある場合は「~이 아니에요」、パッチムがない場合は「~가 아니에요」をつけます。疑問文では「~예요?/~이에요?」/「~이/가 아니에요?」となり、必ず「?」をつけて語尾を上げて言います。

肯定表現
名詞の最後にパッチムがある場合+이에요(?)
名詞の最後にパッチムがない場合+예요(?)

例　선생님이에요. 先生です。
　　누구예요?　　 だれですか。

否定表現
名詞の最後にパッチムがある場合+이 아니에요(?)
名詞の最後にパッチムがない場合+가 아니에요(?)

例　일본이 아니에요. 日本ではありません。
　　친구가 아니에요? 友だちではありませんか。

練習2　[ ]の中を入れかえて練習してみましょう。

例　A:[　　　]이에요?/예요?[　　]ですか。／B:[　　　]이/가 아니에요.[　　]ではありません。

① 잡채 春雨炒め　② 떡볶이 トッポッキ　③ 불고기 焼き肉　④ 삼계탕 参鶏湯

3　名詞+이/가 아니라:~ではなくて

名詞の最後にパッチムがある場合+이 아니라
名詞の最後にパッチムがない場合+가 아니라

例　이쪽이 아니라 저쪽이에요.
　　こちらではなくてあちらです。
　　선배가 아니라 후배예요.
　　先輩ではなくて後輩です。

練習3　例にならって「~이/가 아니라 ~이에요/예요」の文を作ってみましょう。

例　눈 雪／비 雨 → 눈이 아니라 비예요. 雪ではなく雨です。

① 볼펜 ボールペン／연필 鉛筆　② 도쿄 東京／서울 ソウル　③ 우산 傘／양산 日傘　④ 커피 コーヒー／녹차 緑茶

会話練習コーナー

練習1 例のように「～を食べます」の文を作ってみましょう。

> 例 비빔밥 ビビンパ → 비빔밥을 먹어요. ビビンパを食べます。

① 갈비 カルビ _____
② 냉면 冷麺 _____
③ 칼국수 韓国式うどん _____

練習2 例のように「～は～ではなくて～です」の文を作ってみましょう。

> 例 여기 ここ / 바다 海 / 강 川 → 여기는 바다가 아니라 강이에요. ここは海ではなくて川です。

① 저것 あれ / 배추 白菜 / 양배추 キャベツ
② 이 사람 この人 / 형 兄 / 동생 弟
③ 이것 これ / 눈물 涙 / 콧물 鼻水 [発音 콘물]

練習3 [ ]の中を入れかえて会話文を作ってみましょう。

> 例 A: [¹]은/는 [²]이/가 아니에요? [1]は[2]ではありませんか。
> B: 네, [¹]은/는 [²]이/가 아니에요. はい、[1]は[2]ではありません。

① ¹쑥 よもぎ / ²나물 ナムル
   A: _____ B: _____

② ¹삼겹살 サムギョプサル(豚の三枚肉) / ²소고기 牛肉
   A: _____ B: _____

③ ¹아보카도 アボカド / ²야채 野菜
   A: _____ B: _____

練習4 例のように対話文を完成してみましょう。

> 例 친구 友達 / 누나 姉   A: 친구예요?
>   B: 아뇨, 친구가 아니라 누나예요.

① 남자친구 彼氏 / 오빠 兄
   A: _____ ? B: 아뇨,

② 일본사람 日本人 / 한국사람 韓国人
   A: _____ ? B: 아뇨,

ハングル能力検定試験対策

覚えよう!!   ハングル能力検定出題単語(5級)

강	川	나무	木	달	月	불	火
구름	雲	날씨	天気	물	水	비	雨
꽃	花	눈	雪	바다	海	산	山

チャレンジ!!   ハングル能力検定対策問題

✎ 発音どおりに表記したものを①～④の中から1つ選びなさい。

1 많이

　① 만히　　　② 만이　　　③ 마니　　　④ 마히

✎ 次の日本語の意味を正しく表記したものを①～④の中から1つ選びなさい。

2 雲

　① 구름　　　② 이름　　　③ 한아름　　　④ 여름

✎ 次の韓国語の意味を正しく表記したものを①～④の中から1つ選びなさい。

3 날씨

　① 太陽　　　② お腹　　　③ 名前　　　④ 天気

✎ ( )の中に入れるのに適切なものを①～④の中から1つ選びなさい。

4 A:저 사람은 선생님이에요?　　B:아뇨, 선생님( ) 아니에요.

　① 에　　　② 가　　　③ 이　　　④ 을

5 A:저기가 바다예요?　　B:아뇨, 바다가 아니라 ( )예요/이에요.

　① 딸　　　② 형　　　③ 해　　　④ 강

チンチャ 진짜? そうなの?

ビビンパは韓国の代表的な食べ物です。「ビビン」というのは「混ぜること」を、「パ」というのは「ご飯」を意味します。ご飯と多彩なナムルを一緒に混ぜて食べるビビンパは、健康にも美容にも抜群です。

ビビンパを作ってみよう!
●材料(2人分)
ご飯、大豆もやし、ほうれんそう、ニンジン、大根、牛ひき肉、卵、にんにく少々

●作り方
① 大豆もやし、ほうれんそうは軽く湯どうしし、ごま油、塩、にんにくで和える。
② 大根は4～5センチほどの千切りにし、酢の物と同様に酢漬けにする。
③ ニンジンも4～5センチほどの千切りにし、サラダ油で軽く炒め、塩で味付けをする。
④ 卵は金糸卵にするか、もしくは目玉焼きにして出来上がったビビンパの上にのせると完成!

マ～ンナ
맞~나
そーなんだ(釜山地域方言)

第9課

지금 시간 있어요?
今時間ありますか。

学習ポイント
1. ~에　　　　　　　　　　　　~に
2. ~있어요(?)/~없어요(?)　　~あります(か) / ~ありません(か)
3. 位置を表す言葉、漢数詞、疑問詞

① 아루미: 여보세요? 저 아루미예요.
② 호　일: 어, 아루미 씨, 무슨 일 있어요?
③ 아루미: 저… 지금 시간 있어요?
④ 호　일: 네, 30분 정도는 괜찮아요.
⑤ 아루미: 호일 씨는 지금 어디예요?
⑥ 호　일: 지금 홍대 앞에 있어요.
⑦　　　　 40분 후에 이 근처에서 아르바이트가 있어요.
⑧ 아루미: 잘 됐다! 저도 마침 홍대 근처에 있어요.

和訳
① あるみ: もしもし。私、有海です。
② ホイル: あ、有海さん。どうしました?
③ あるみ: あの、今時間ありますか。
④ ホイル: はい、30分ぐらいは大丈夫です。
⑤ あるみ: ホイルさんは今どこですか。
⑥ ホイル: 今弘大(ホンデ)の前にいます。
⑦　　　　 40分後この近くでアルバイトがあります。
⑧ あるみ: よかった。私もちょうど弘大(ホンデ)の近くにいます。

新しい単語と表現 Check!

여보세요?	もしもし	어디	どこ
지금	今	홍대	弘大(弘益大学校)
시간	時間	앞에	前に
있어요(?)	あります(か)・います(か)	~분	~分
30분	30分	후에	後に
정도	ぐらい、程度	마침	ちょうど
괜찮아요	大丈夫です	근처	近所
		잘 됐다	よかった

ミニ知識
「괜찮아요」や「그래요」のように「요」で終わる表現はカジュアルな場面で使う敬語で優しいニュアンスがします。語尾の「~요?」を上げて言うと疑問を表し、「~요」を下げて言うと答えになります。

文法&練習コーナー

1 ～에(助詞)：～に

助詞「～에」は日本語の「～に」にあたり、名詞の後ろについて場所や位置、行動の向かう地点などを表します。

位置や場所を表す名詞＋에　　例 도서관에[発音 도서과네] 가요. 図書館に行きます。

練習1　次の単語に「～에」をつけて言ってみましょう。
① 식당[発音 식땅](　　　　)食堂に　　② 연구실(　　　　)研究室に
③ 교실(　　　　)教室に　　　　　　④ 편의점[発音 펴니점](　　　　)コンビニに

2 있어요(?) / 없어요(?)：～あります(か)・います(か) / ～ありません(か)・いません(か)

存在の有無を表す「～있어요/없어요」は、日本語の「～います・あります/～いません・ありません」の意を表す存在詞です。日本語のように「ある・いる」のような対象による使い分けはなく、存在すれば「～있어요」、存在しなければ「～없어요」を使います。疑問文では「～있어요?」/「～없어요?」となり、必ず「?」をつけて語尾を上げて言います。

～이/가 主格助詞～が ＋있어요(?)
～은/는 主格助詞～は ＋없어요(?)

例 사전이 있어요? 辞書がありますか。네, 있어요. はい、あります。
　 여자친구는 있어요? 彼女はいますか。아뇨, 없어요. いいえ、いません。

練習2　例のように次の質問に「네, 있어요./ 아뇨, 없어요.」で答えてみましょう。

例 A：시간 있어요? 時間、ありますか。/B：네, 있어요. はい、あります。
　　　　　　　　　　　　　　　　　　　아뇨, 없어요. いいえ、ありません。

① 약속, 있어요? 約束、ありますか。(はい)　② 수업, 있어요? 授業、ありますか。(はい)
③ 형제, 있어요? 兄弟、いますか。(いいえ)　④ 지우개, 있어요? 消しゴム、ありますか。(いいえ)

3-1 位置を表す言葉

위 上	앞 前	옆 隣、横	안(속) 中(内)	오른쪽 右側	맞은편 向かい側
아래(밑) 下	뒤 後ろ	사이 間	밖 外	왼쪽 左側	건너편 向こう側

※ 位置を表わすことばの前では、日本語の「の」にあたる「의(発音 エ)」が省略されます。
　例 학교 앞 学校の前　　책상 위 机の上　　가방 안 カバンの中

練習3 例のように「~에 ~이/가 있어요」の表現を練習してみましょう。

> 例 명동역 앞 明洞駅の前 / 백화점 デパート
> → 명동역 앞**에** 백화점**이 있어요**. 明洞駅の前にデパートがあります。

① 편의점 뒤 コンビニの後ろ / 은행 銀行

② 교실 안 教室の中 / 시계 時計

③ 집 옆 家の隣 / 마트 マート

3-2 漢数詞

韓国語の数詞には日本語と同じように「漢数詞」(いち、に、さん)と「固有数詞」(ひとつ、ふたつ、みっつ)があります。漢数詞は「~年/~년」「~月/~월」「~日/~일」「~分/~분」「~ウォン/~원」、電話番号などに使われます。

1	2	3	4	5	6	7	8	9	10
일	이	삼	사	오	육	칠	팔	구	십
11	12	13	14	15	16	17	18	19	20
십일 [発音 시빌]	십이 [発音 시비]	십삼 [発音 십쌈]	십사 [発音 십싸]	십오 [発音 시보]	십육 [発音 심뉵]	십칠	십팔	십구 [発音 십꾸]	이십
30	40	50	60	70	80	90	100	1000	10000
삼십	사십	오십	육십 [発音 육씹]	칠십 [発音 칠씹]	팔십 [発音 팔씹]	구십	백	천	만

※「0」は「공/영」の二つの言い方がありますが、電話番号の時は「공」と読みます。

(1) ~年/~년

> 例 A : 몇 년생이에요? 何年生まれですか。
> B : 천구백구십오년생입니다. 1995年生まれです。

(2) ~月・~日/ ~월・~일

1月	2月	3月	4月	5月	6月	7月	8月	9月	10月	11月	12月
일월 [発音 이뤌]	이월	삼월 [発音 사뭘]	사월	오월	유월	칠월 [発音 치뤌]	팔월 [発音 파뤌]	구월	시월	십일월 [発音 시비뤌]	십이월 [発音 시비월]

※ 6月と10月は、[육월]・[십월]ではなく、[유월]・[시월]となりますので注意しましょう。

1日	2日	3日	4日	5日	6日	7日	8日	9日	10日	16日	26日
일일 [発音 이릴]	이일	삼일 [発音 사밀]	사일	오일	육일 [発音 유길]	칠일 [発音 치릴]	팔일 [発音 파릴]	구일	십일 [発音 시빌]	**십육일** [発音 심뉴길]	**이십육일** [発音 이심뉴길]

※ 16日と26日は、[십육일]・[이십육일]ではなく、[심뉴길]・[이심뉴길]と読みますので注意しましょう。

第9課　지금 시간 있어요?

例 A：생일이 언제예요? 誕生日はいつですか。
　　B：오월 십삼일이에요. 5月13日です。

(3) 電話番号

例 A：휴대폰 번호가 몇 번이에요? 携帯番号は何番ですか。
　　B：공구공 이삼사오 육칠팔구예요. 090-2345-6789です。

(4) お金

例 A：전부 얼마예요? 全部でいくらですか。
　　B：만 오천원이에요. 1万5千ウォンです。

3-3 疑問詞

数を尋ねるときに使われる疑問詞　　몇[発音면] ＋ 助数詞

	助数詞	発音	例
몇 何	년 年	[면년]	올해는 몇 년이에요? 今年は何年ですか。
	월 月	[며둴]	한국어 시험은 몇 월이에요? 韓国語の試験は何月ですか。
	번 番	[면뻔]	몇 번이에요? 何番ですか。
	개월 ヶ月	[면깨월]	몇 개월만이에요? 何ヶ月ぶりですか。
	호실 号室	[며토실]	병실은 몇 호실이에요? 病室は何号室ですか。

언제	누구/누가	어디(서)	무엇(을)	무슨	어떻게	왜	어느	얼마나	몇
いつ	だれ(が)	どこ(で)	何(を)	何の	どのように	なぜ	どの	どのくらい	何

練習4　次のカレンダーを見て答えてみましょう。

6月

일요일 日曜日	월요일 月曜日	화요일 火曜日	수요일 水曜日	목요일 木曜日	금요일 金曜日	토요일 土曜日
					1 한국어 수업	2
3 아르 바이트	4	5	6	7 영어 시험	8	9
10	11	12	13	14	15	16
17	18	19	20 친구 생일	21	22	23
24	25 한국어 시험	26	27	28	29	30

① 한국어 수업은 언제 있어요? (何月何日)

② 무슨 요일에 아르바이트를 합니까? (何曜日)

③ 친구 생일은 언제예요? (何月何日)

会話練習コーナー

練習1 例のように「〜に〜があります(います)」の文を作ってみましょう。

例 자동차 밑 自動車の下 / 고양이 猫 → 자동차 밑**에** 고양이**가** **있어요**. 自動車の下に猫がいます。

① 침대 위 ベッドの上 / 강아지 子犬

② 학교 맞은편 学校の向かい側 / 식당 食堂

③ 거울 옆 鏡の横 / 가방 カバン

練習2 例のように「〜に〜がありません(いません)」の文を作ってみましょう。

例 화장실 トイレ / 휴지 トイレットペーパー
→ 화장실**에** 휴지**가** **없어요**. トイレにトイレットペーパーがありません。

① 공원 公園 / 나무 木

② 냉장고 안 冷蔵庫の中 / 물 水

③ 책상 밑 机の下 / 휴지통 ゴミ箱

練習3 次の絵を見て下記の質問に答えてみましょう。

테이블 テーブル	화분 植木鉢
꽃병 花瓶	주전자 やかん
컵 カップ	양말 靴下
고양이 猫	개 犬

① 테이블 위에 무엇이 있어요?

② 테이블 위에 양말이 있어요?

③ 테이블 밑에 무엇이 있어요?

④ 주전자는 어디에 있어요?

⑤ 고양이는 어디에 있어요?

第9課　지금 시간 있어요?

ハングル能力検定試験対策

覚えよう!!　　　　　　　　　　　　　　ハングル能力検定出題単語(5級)

쥐	ねずみ	토끼	うさぎ	말	馬	닭	鶏
소	牛	용	龍	양	羊	개	犬
호랑이	虎	뱀	へび	원숭이	猿	돼지	豚

チャレンジ!!　　　　　　　　　　　　　ハングル能力検定対策問題

🖉 発音どおりに表記したものを①〜④の中から1つ選びなさい。

1 백화점

　① 배과점　　　② 배콰점　　　③ 배콰쩜　　　④ 백아점

🖉 次の日本語の意味を正しく表記したものを①〜④の中から1つ選びなさい。

2 蛇

　① 뱀　　　　② 범　　　　③ 개　　　　④ 새

🖉 次の韓国語の意味を正しく表記したものを①〜④の中から1つ選びなさい。

3 150 엔

　① 일오십 엔　② 일오공 엔　③ 백오십 엔　④ 백오 엔

🖉 (　)の中に入れるのに適切なものを①〜④の中から1つ選びなさい。

4 A:몇 번 버스예요?　　B:(　) 버스예요.

　① 오 회　　　② 칠 번　　　③ 삼 층　　　④ 칠 호

🖉 次の質問に対して最も適切な答えを①〜④の中から1つ選びなさい。

5 오렌지 주스는 어디에 있어요?

　① 집 앞에 있어요.　　　　　② 학교 건너편에 있어요.
　③ 텔레비전 뒤에 있어요.　　④ 냉장고 안에 있어요.

チンチャ 진짜? そうなの?

弘大ホンデとは、韓国の弘益ホニック大学を中心としたエリアの通称です。「コーヒープリンス1号店」や「春のワルツ」などのドラマロケ地としても知られています。街全体にアートな香りが漂い、おしゃれなレストランやカフェが多く、フリーマーケットやストリートライブなどがよく開かれます。また、クラブなどの夜遊びスポットとしても知られ、週末となると朝まで若者たちで賑わいます。弘大のように、韓国では大学を中心とした大学街デハッカの文化が発達しており、様々な文化の発信地となっています。

マ〜ンナ
맞~나? 　　そーなんだ(釜山地域方言)

ブラッシュアップ Brushup

□ 誕生日の歌

생일 축하 노래

생일 축하합니다 생일 축하합니다 사랑 하는 당신의 생일 축하합니다

생일 축하 노래
誕生日の歌

생일 축하합니다.
誕生日、おめでとうございます。

생일 축하합니다.
誕生日、おめでとうございます。

사랑하는 당신의 생일 축하합니다.
大好きなあなたの誕生日、おめでとうございます。

생일	誕生日
축하하다	祝う
사랑하다	愛する
당신의	あなたの

ブラッシュアップ Brushup

☐ **体に関する表現**

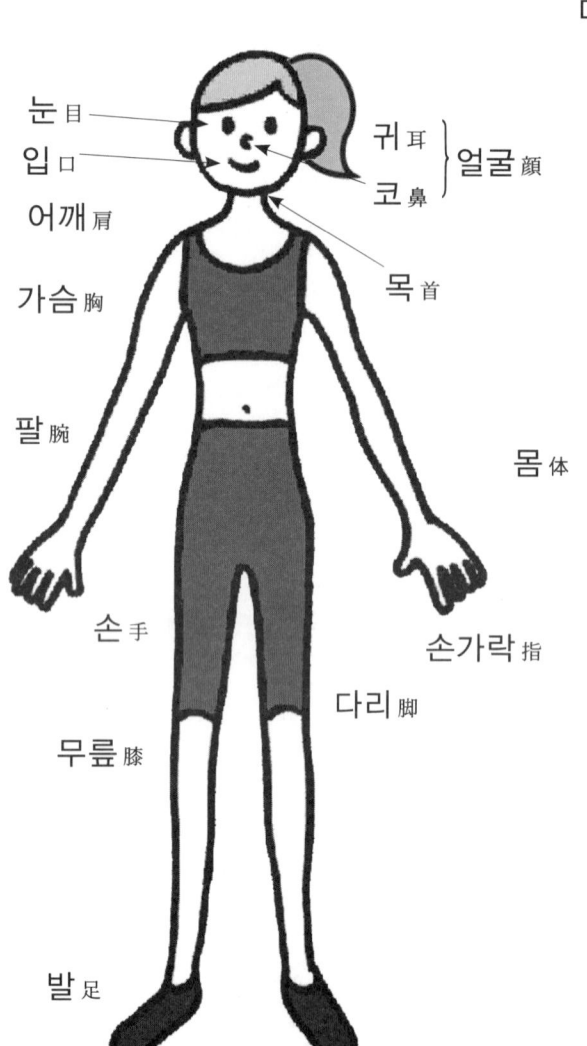

- 머리카락 髪
- 머리 頭
- 눈 目
- 입 口
- 귀 耳
- 코 鼻
- 얼굴 顔
- 어깨 肩
- 목 首
- 등 背中
- 가슴 胸
- 팔 腕
- 몸 体
- 허리 腰
- 엉덩이 お尻
- 손 手
- 손가락 指
- 다리 脚
- 무릎 膝
- 발 足
- 뒤꿈치 かかと

第10課

춘천은 뭐가 유명합니까?
春川は何が有名ですか。

学習ポイント
1. ～와/과　　　　　　　　　　～と
2. ～에서 ～까지　　　　　　　～から～まで(場所)
3. ～습니다/～ㅂ니다　　　　　動詞+ます/形容詞+です

① 아루미: 춘천은 어떻게 갑니까?
② 호　일: 서울에서 춘천까지는 기차가 빠릅니다.
③ 아루미: 춘천은 뭐가 유명합니까?
④ 호　일: 겨울연가와 닭갈비가 유명합니다.
⑤ 아루미: 닭갈비가 뭐예요?
⑥ 호　일: 닭갈비는 매운 닭 볶음 요리예요.
⑦ 아루미: 와～, 맛있겠다.
⑧ 호　일: 그리고 춘천에는 볼거리도 많습니다.

和訳
① あるみ: 春川はどうやって行きますか。
② ホイル: ソウルから春川までは汽車が速いです。
③ あるみ: 春川は何が有名ですか。
④ ホイル: 「冬のソナタ」とタッカルビが有名です。
⑤ あるみ: タッカルビって何ですか。
⑥ ホイル: タッカルビは鶏肉を辛く炒めた料理です。
⑦ あるみ: わ～、おいしそう!
⑧ ホイル: そして春川には見どころも多いです。

新しい単語と表現 Check!

춘천	春川(地名)	～와/과	～と
어떻게	どう、どうやって	닭갈비	タッカルビ
～에서 ～까지	～から～まで(場所)	매운	辛い
기차	汽車	닭 볶음	鶏肉をいためた料理
빠르다	速い	요리	料理
뭐	何	맛있겠다	美味しそうだ
유명하다	有名だ	그리고	そして、それから
드라마	ドラマ	볼거리[볼꺼리]	見どころ
겨울연가	冬のソナタ	많다[만타]	多い

ミニ知識
用言の辞書に載っている形、すなわち辞書の見出し語を「原形」または「基本形」「辞書形」といいます。すべての用言の原形は「～다」で終わり、原形から「～다」を除いた部分を語幹といいます。

文法&練習コーナー

1 〜와/과(助詞)：〜と

助詞「〜와」と「〜과」は、日本語の「〜と」にあたり、名詞の最後の文字にパッチムがある場合は「〜과」、パッチムがない場合は「〜와」をつけます。

> 名詞の最後にパッチムがある場合＋과
> 名詞の最後にパッチムがない場合＋와

例 소금과 후추 塩とこしょう
　　우유와 빵 牛乳とパン

練習1 次の言葉に「〜와/과」をつけて言ってみましょう。

① 책(　　) 노트 本とノート　　② 샴푸(　　) 린스 シャンプーとリンス
③ 뉴스(　　) 드라마 ニュースとドラマ　　④ 양말(　　) 신발 靴下と靴

2 〜에서 〜까지：〜から〜まで

「〜에서」は場所の出発点を表し、「〜까지」は到達点、終点を表す助詞です。

> 出発場所＋에서
> 到着場所＋까지

例 학교에서 집까지 学校から家まで
　　후쿠오카에서 서울까지 福岡からソウルまで

※ ただし、時間の出発点を表す場合は、「〜부터」を使います。

例 아침부터 밤까지 朝から晩まで　　오늘부터 내일까지 今日から明日まで

練習2 例のように次の単語に「〜에서 〜까지」をつけて言ってみましょう。

> 例 도서관 図書館 / 식당 食堂 → 도서관에서 식당까지 図書館から食堂まで

① 회사 会社 / 지하철역 地下鉄駅　　② 집 家 / 슈퍼 スーパー
③ 명동 明洞 / 신촌 新村　　④ 벳푸 別府 / 유후인 湯布院

3 動詞・形容詞＋ㅂ니다/습니다：動詞＋ます・形容詞＋です

動詞・形容詞の語幹について丁寧な意味を表わす終結語尾です。動詞や形容詞の基本形の語尾「-다」を取った後に、語幹にパッチムがある場合は「〜습니다」をつけ、パッチムがない場合は「〜ㅂ니다」を付けます。疑問形の場合は「〜ㅂ니까?/〜습니까?」になります。

> 語幹にパッチムがある場合＋습니다/습니까?
> 語幹にパッチムがない場合＋ㅂ니다/ㅂ니까?

例 작다 小さい　작+습니다→작습니다 小さいです
　　가다 行く　가+ㅂ니다→갑니다 行きます

※ ただし、語幹が「ㄹ」パッチムの場合は「ㄹ」を取って「〜ㅂ니다」を付けます(ㄹ脱落)。

例 놀다 遊ぶ　노(ㄹ)+ㅂ니다/ㅂ니까? → 놉니다 遊びます/놉니까? 遊びますか

練習3 例のように次の動詞と形容詞を「〜ㅂ니다〜습니다」に直してみましょう。

基本形	ㅂ/습니다	ㅂ/습니까?	基本形	ㅂ/습니다	ㅂ/습니까?
例 오다 来る	옵니다	옵니까?	例 읽다 読む	읽습니다	읽습니까?
보다 見る			듣다 聞く		
만나다 会う			좋다 良い		
마시다 飲む			만들다 作る		
기다리다 待つ			알다 知る		

会話練習コーナー

練習1 例のように「〜と〜があります」の文を作ってみましょう。

> 例) 콜라 コーラ / 사이다 サイダー → 콜라**와** 사이다**가 있어요**. コーラとサイダーがあります。

① 노란색 黄色 / 파란색 青色　_____

② 키위 キウィ / 딸기 いちご　_____

③ 사탕 キャンディー / 껌 ガム　_____

練習2 例のように「〜から〜まで行きます」の文を作ってみましょう。

> 例) 교토 京都 / 나라 奈良 → 교토**에서** 나라**까지 갑니다**. 京都から奈良まで行きます。

① 지구 地球 / 달 月　_____

② 공항 空港 / 호텔 ホテル　_____

③ 오사카 大阪 / 삿포로 札幌　_____

練習3 例のように「〜ㅂ니다/습니다」と「〜ㅂ니까?/습니까?」の文を作ってみましょう。

> 例) 편지를 쓰다 手紙を書く → 편지를 **씁니까**? 手紙を書きますか / 편지를 **씁니다** 手紙を書きます

① 기분이 나쁘다 機嫌が悪い　_____　_____

② 전화를 받다 電話をもらう　_____　_____

③ 마음에 들다 気に入る　_____　_____

練習4 例のように「〜は〜が〜ます(です)」の文を作ってみましょう。

> 例) 감기 風邪 / 머리와 목 頭と喉 / 아프다 痛い
> → 감기**는** 머리와 목**이 아픕니다**. 風邪は頭と喉が痛いです。

① 한국술 韓国のお酒 / 막걸리와 소주 マッコリと焼酎 / 맛있다 美味しい

_____

② 프랑스 フランス / 에펠탑과 세느강 エッフェル塔とセーヌ川 / 유명하다 有名だ

_____

③ 그 사실 その事実 / 저와 친구 私と友だち / 알다 知っている・分かる

_____

第10課　춘천은 뭐가 유명합니까?

ハングル能力検定試験対策

覚えよう!! 〈ハングル能力検定出題単語(5級)〉

위	上	옆	隣、横	옆집	隣の家	사다	買う
아래	下	안	中、内	아래층	下の階	먹다	食べる
앞뒤	前後	밖	外	양쪽	両方	살다	住む

チャレンジ!! 〈ハングル能力検定対策問題〉

✏ 発音どおりに表記したものを①〜④の中から1つ選びなさい。

1 거짓말

① 거직말　　② 거지말　　③ 거진말　　④ 거진말

✏ 次の日本語の意味を正しく表記したものを①〜④の中から1つ選びなさい。

2 両方

① 양쪽　　② 안쪽　　③ 양말　　④ 안팎

✏ (　)の中に入れるのに適切なものを①〜④の中から1つ選びなさい。

3 슈퍼에서 닭고기(　) 야채를 삽니다.

① 과　　② 와　　③ 의　　④ 도

4 저는 부산역 (　) 호텔까지 갑니다.

① 부터　　② 께서　　③ 에서　　④ 에

5 지하철역에 사람이 (　　　).

① 많습니다　　② 큽니다　　③ 작습니다　　④ 좁습니다

チンチャ 진짜? そうなの?

ソウルから電車で1時間ぐらいかかる春川チュンチョンは、ドラマ「冬のソナタ」で主人公のユジンとチュンサンが高校時代に住んだ町で知られ、NHKのドラマ放送後、日本人観光客が急増したところです。

他にも、春川は「タッカルビ」という名物料理でもよく知られています。韓国で一般的に「カルビ」といえば「牛バラ肉ソガルビ」を意味しますが、「タッカルビ」は鶏肉を野菜や餅と一緒にピリ辛のソースで炒めたものです。また、韓国人にとても人気のある豚バラ肉の「テジカルビ」は、牛カルビに比べ値段も安く味も美味しいです。

マ〜ンナ
맞**나 そーなんだ(釜山地域方言)

第11課　한국 문화를 배우고 있습니다.

韓国の文化を学んでいます。

学習ポイント
1. ~에게　　　　　　　　　　　~(誰か)に
2. ~지만　　　　　　　　　　　~が、~けれども
3. ~고 있습니다　　　　　　　~ています

① 아루미　　　：안녕하세요? 처음 뵙겠습니다.
② 호일 부모님：어서 오세요.
③ 아루미　　　：저, 이거 별거 아니지만…
④ 호일 부모님：아아… 고마워요.
⑤　　　　　　　한국 생활은 어때요?
⑥ 아루미　　　：재미있지만, 한국어가 어렵습니다.
⑦ 호일 부모님：무슨 공부를 하고 있습니까?
⑧ 아루미　　　：한국 문화를 배우고 있습니다.

MP3 46

和訳
① あるみ　　　：こんにちは。はじめまして。
② ホイルの両親：ようこそ、いらっしゃいました。
③ あるみ　　　：あの、これ、つまらないものですが…
④ ホイルの両親：ああ、ありがとうございます。
⑤　　　　　　　韓国の生活はどうですか。
⑥ あるみ　　　：楽しいですが、韓国語が難しいです。
⑦ ホイルの両親：何の勉強をしていますか。
⑧ あるみ　　　：韓国の文化を学んでいます。

新しい単語と表現 Check!

부모님	両親	어때요?	どうですか
처음 뵙겠습니다	はじめまして	재미있다	楽しい、面白い
어서 오세요	ようこそ	~지만	~が、~けれども、~ですが
저	あの	한국어	韓国語
이거	これ	어렵습니다	難しいです
별거 아니지만	つまらないものですが	~고 있습니다	~ています
고마워요	ありがとうございます	한국 문화	韓国の文化
한국생활	韓国の生活	배우다	学ぶ

ミニ知識
韓国では、日本と同じくお土産を渡す時に「つまらないものですが」のような謙遜の表現を使います。例えば、お土産を渡す時、「별거 아니에요」「별거 아니지만…」などの言葉を使うと丁寧な印象を与えます。

文法&練習コーナー

1　～에게(助詞)：～に

人や動物を表す名詞につける「～에게」は、日本語の「～に」にあたります。口語体では同じ意味の「～한테」の方がよく使われます。ただし、行動の対象が両親や目上の人の場合は、敬語の助詞として「～께」を使います。

名詞(人や動物)＋에게, 한테, 께

例　친구에게 友だちに　　남동생한테 弟に
　　선생님께 先生に

練習1　次の言葉に「～에게/～께」を入れて言ってみましょう。

① 여자친구(　　　)彼女に　　② 할머니(　　　)おばあさんに
③ 남자친구(　　　)彼氏に　　④ 아버지(　　　)お父さんに

2　～지만：～が、～ですが、～けれども

日本語の「～が、～けれども」を意味する「～지만」は、動詞や形容詞の語幹に付いて逆接の意味を表します。名詞の後ろに付く場合は、名詞の最後の文字にパッチムがある時は「～이지만」、パッチムがない時は「～지만」をつけます。

語幹(動詞・形容詞)＋지만
名詞の最後にパッチムがある場合＋이지만
名詞の最後にパッチムがない場合＋지만

例　예쁘다 綺麗だ　예쁘＋지만 → 예쁘지만 綺麗ですが
　　주말 週末　　주말＋이지만 → 주말이지만 週末ですが
　　가수 歌手　　가수＋지만 → 가수지만 歌手ですが

練習2　次の単語に「～이지만/～지만」を入れて言ってみましょう。

① 맛있다(　　　)おいしいですが　　② 마시다(　　　)飲みますが
③ 외국인(　　　)外国人ですが　　　④ 주부(　　　)主婦ですが

3　動詞＋고 있습니다：動詞＋ています(進行・状態)

動詞の現在進行または現在の状態を表すときは、動詞の語幹に「～고 있습니다」をつけると日本語の「～ています」の意味になります。

練習3　次の単語に「～고 있습니다」をつけて言ってみましょう。

① 기다리다 待つ　_____ 待っています。

② 쓰다 書く　_____ 書いています。

③ 알다 分かる　_____ 分かっています。

会話練習コーナー

練習1 例のように「〜(人・動物)に〜を〜ます」の文を作ってみましょう。

例 옆 사람 隣の人 / 길 道 / 묻다 尋ねる → 옆 사람**에게** 길**을** 묻**습니다.** 隣の人に道を尋ねます。

① 친구 友だち / 편지 手紙 / 보내다 送る _____

② 여동생 妹 / 선물 プレゼント / 주다 あげる _____

③ 어머니 母 / 전화 電話 / 걸다 かける _____

練習2 例のように「〜ですが、〜です」の文を作ってみましょう。

例 그림책 絵本 / 어렵다 難しい → 그림책**이지만** 어렵**습니다.** 絵本ですが、難しいです。

① 맵다 辛い / 맛있다 美味しい _____

② 편리하다 便利だ / 비싸다 (値段が)高い _____

③ 재미있다 面白い / 위험하다 危険だ _____

練習3 例のように[ ]の中を入れかえて会話文を作ってみましょう。

例 A: [¹]을/를 [²]고 있습니까? [1]を[2]ていますか。
　 B: 네, [²]고 있습니다. はい、[2]ています。

① ¹청소 掃除 / ²하다 する

　A: _____　B: _____

② ¹그림 絵 / ²그리다 描く

　A: _____　B: _____

練習4 例のように[ ]の中を入れかえて会話文を作ってみましょう。

例 A: [¹중국어]을/를 [²공부하]고 있습니까? [1中国語]を[2勉強し]ていますか。
　 B: 네, [³어렵]지만 [²공부하]고 있습니다. はい、[3難しい]ですが、[2勉強し]ています。

① ¹운동 運動 / ²하다 する / ³바쁘다 忙しい

　A: _____　B: _____

② ¹케이크 ケーキ / ²먹다 食べる / ³맛없다 まずい

　A: _____　B: _____

第11課　한국 문화를 배우고 있습니다

ハングル能力検定試験対策

覚えよう!!   ハングル能力検定出題単語(5級)

설탕	砂糖	우유	牛乳	음식	食べ物	보내다	送る
소금	塩	커피	コーヒー	야채	野菜	마시다	飲む
고추	唐辛子	주스	ジュース	과일	果物	배우다	学ぶ

チャレンジ!!   ハングル能力検定対策問題

📝 発音どおりに表記したものを①~④の中から1つ選びなさい。

1 설날

　① 선날　　　② 성날　　　③ 설랄　　　④ 선랄

📝 次の日本語の意味を正しく表記したものを①~④の中から1つ選びなさい。

2 果物

　① 과자　　　② 과일　　　③ 사과　　　④ 채소

📝 (　)の中に入れるのに適切なものを①~④の中から1つ選びなさい。

3 (　)에게 선물을 보냅니다.

　① 아침　　　② 머리　　　③ 바다　　　④ 누나

4 뭘(　　　　)?

　① 마시고 있습니까　② 쓰고 있습니까　③ 먹고 있습니까　④ 하고 있습니까

📝 下線部と内容的に最も近い意味を表すものを①~④の中から1つ選びなさい。

5 저는 대학교에서 배우고 있습니다.

　① 선생님입니다　　　　　　② 대학생입니다
　③ 대학교에서 삽니다　　　　④ 학교에 다니지만 학생이 아닙니다

チンチャ 진짜? そうなの?

韓国では他人の家を訪問する時やお見舞いに行く時、果物や飲み物セットなどを持って行くことが多いです。そのため、スーパーやコンビニには飲み物セットが山積みされている様子をよく見かけます。また、結婚して新居を構えたり引っ越しをしたりすると、집들이チプドゥリといういわゆる「引っ越し記念パーティー」をします。집들이チプドゥリに招待されたら、洗剤やトイレットペーパーなどをプレゼントしますが、それは、洗剤の泡がぶくぶく出るのが繁栄を意味し、トイレットペーパーがくるくる回るように物事がうまくいくという意味で、洗剤とトイレットペーパーが縁起のいいものとされるからです。

맞∼∼나 (マ～ンナ)　そーなんだ(釜山地域方言)

ブラッシュアップ Brushup

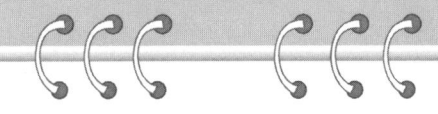

読解トレーニング

안녕하세요? 저는 이준수라고 합니다.
저는 한국 대학교 학생입니다.
한국 대학교는 신천에 있습니다.
제 전공은 컴퓨터 그래픽입니다.
우리 가족은 아버지와 어머니, 그리고 누나가 있습니다.
아버지와 어머니는 중학교 선생님입니다.
그리고 누나는 회사원입니다.
우리는 잠실에 삽니다.
집에서 학교까지 이십 분 정도 걸립니다.
지하철과 버스도 있지만, 주로 자전거를 이용하고 있습니다.

퀴즈 クイズ

上の文章を読んで、下の記述が正しいものには○を、間違っているものには×を付けてください。

❶ 이호일은 중학생입니다. (　　)
❷ 이호일의 누나는 선생님입니다.(　　)
❸ 한국 대학교는 신천에 있습니다. (　　)
❹ 학교까지는 버스를 이용합니다. (　　)
❺ 집에서 학교까지는 이십분 정도 걸립니다.(　　)

단어정리

한국 韓国	제 私の	잠실 蚕室(地名)
가족 家族	어머니 お母さん	전공 専攻
신천 新川(地名)	컴퓨터 그래픽 コンピューターグラフィック	중학교 中学校
누나 お姉さん		집 家
선생님 先生	회사원 会社員	지하철 地下鉄
학교 学校	자전거 自転車	살다 住む、暮す
버스 バス	이용 利用	

第11課　한국 문화를 배우고 있습니다

ブラッシュアップ Brushup

□ 聞き取りトレーニング

퀴즈 クイズ

次の文章を聞いて線でつなげてみましょう。

MP3 49

❶
❷
❸
❹
❺

① 저는　　　　・　　　・신문을　　　・　　　・합니다
② 아버지는　・　　　・카레를　　　・　　　・읽습니다
③ 누나는　　・　　　・축구를　　　・　　　・만듭니다
④ 형은　　　・　　　・주스를　　　・　　　・공부합니다
⑤ 남동생은　・　　　・한국어를　・　　　・마십니다

퀴즈 クイズ

次の文章を聞いて、空欄を埋めてみましょう。

MP3 50

❶
❷
❸
❹
❺
❻
❼

① 우리 ＿＿＿＿＿＿＿ 입니다.
② 선생님께서 ＿＿＿＿＿＿＿ .
③ 인사를 ＿＿＿＿＿＿＿ .
④ 수업을 ＿＿＿＿＿＿＿ .
⑤ 책을 ＿＿＿＿＿＿＿ .
⑥ ＿＿＿＿＿＿＿ 를 합니다.
⑦ ＿＿＿＿＿＿＿ .

第12課 귀엽지 않습니까?
可愛くありませんか。

学習ポイント

1. ~지 않습니다(後置否定形) / 안~(前置否定形)　　~ません(~くありません)
2. ~에서 ; ~(으)로　　　　　　　　　　　　　　　~で(場所) ; ~で(手段・道具)
3. 固有数字

① 호　일 : 찜질방은 처음이에요?
② 아루미 : 아뇨, 두 번째예요.
③ 　　　　그런데 저기 세 사람은 뭘 쓰고 있어요?
④ 호　일 : 아, 양머리? 찜질방에서는 수건으로 양머리를 만듭니다.
⑤ 아루미 : 그래요?
⑥ 호　일 : 귀엽지 않습니까?
⑦ 아루미 : 귀엽지만 좀…
⑧ 호　일 : 괜찮아요. 아루미 씨한테도 잘 어울립니다.

和訳
① ホイル : チムジルバンは初めてですか。
② あるみ : いいえ、二回目です。
③ 　　　　ところで、あそこの3人は何をかぶっていますか。
④ ホイル : あ、ヤンモリ(羊頭)? チムジルバンではタオルでヤンモリを作ります。
⑤ あるみ : そうですか。
⑥ ホイル : 可愛くありませんか。
⑦ あるみ : 可愛いですけど、ちょっと…
⑧ ホイル : 大丈夫ですよ。有海さんにもよく似合います。

新しい単語と表現 Check!

찜질방	韓国式サウナ	사람들	人々
처음	初めて	수건으로	タオルで
두 번째	二回目	만들다	作る
세 사람	三人	그래요?	そうですか
머리	頭	귀엽다	可愛い
뭘	何を	~지 않다 / 안~	~くありません
쓰다	かぶる	괜찮아요	大丈夫です
양	羊	~한테	~にも
~에서는	~では	잘 어울리다	よく似合う

ミニ知識
韓国語の丁寧形の語尾には、かしこまった丁寧形として公的な場や文語体として用いられる「~ㅂ니다」と、打ち解けた丁寧形としてカジュアルな場面で用いられる「~해요」体の二つの表現があります。

文法&練習コーナー

1 否定の表現

日本語の動詞や形容詞には語尾に否定形をつける後置否定形がありますが、韓国語には、語尾に「〜지 않습니다」をつける後置否定形に加え、動詞・形容詞の前に「안〜」をつけて否定する前置否定形があります。前置否定形は主に口語体に、後置否定形は主に文語体に使われます。

(1)-1 後置否定形:〜지 않습니다(〜ません / 〜くありません)

後置否定形の作り方は、動詞や形容詞の語幹(基本形から語尾の「−다」を取った残りの部分)に、否定形の丁寧形語尾である「〜지 않습니다」をつけます。

> 動詞・形容詞の語幹+지 않습니다

例) 크다 大きい ク+지 않습니다 → 크지 않습니다 大きくありません
　　웃다 笑う 웃+지 않습니다 → 웃지 않습니다 笑いません

練習1 次の単語に「〜지 않습니다」をつけて言ってみましょう。

① 다니다 (　　　　　) 通いません　② 아프다 (　　　　　) 痛くありません
③ 울다　 (　　　　　) 泣きません　④ 작다　 (　　　　　) 小さくありません

(1)-2 前置否定形:「〜안」(〜しない・くない)

前置否定形の作り方は、動詞や形容詞の前に「안〜」をつけて叙述文や疑問文の否定を表します。ただし「名詞+하다」動詞の場合は、「名詞+안 하다」の形で使いますので、注意しましょう。

> 안+動詞・形容詞
> 〜하다の場合は、〜안 하다

例) 보이다 見える 안+보이다 → 안 보입니다 見えません
　　공부하다 勉強する 공부+안 하다 → 공부 안 합니다 勉強しません

練習2 次の単語を前置否定の「안 〜ㅂ/습니다」の形で言ってみましょう。

① 좋아하다 好きだ　_____　好きではありません
② 비싸다 (値段が)高い　_____　高くありません
③ 말하다 話す　_____　話しません
④ 쇼핑하다 ショッピングする　_____　ショッピングしません

2 〜에서:〜で(場所)

場所を表す名詞に付いて、その場所で起きるある動作や状態を表します。

例) 병원에서 病院で　　커피숍에서 コーヒーショップで

練習3 次の単語に「〜에서」をつけて言ってみましょう。

① 집 家　　② 백화점 デパート　　③ 약속 장소 約束場所　　④ 공원 公園

会話練習コーナー

練習1 例のように「~지 않습니다」を使って文を作ってみましょう。

> 例) 오키나와 沖縄 / 춥다 寒い → 오키나와는 춥**지 않습니다**. 沖縄は寒くありません。

① 내일 明日 / 비가 오다 雨が降る _____
② 이 사탕 このキャンディ / 달다 甘い _____
③ 저 가게 あの店 / 비싸다 (値段が)高い _____

練習2 例のように「안~」を使って「~は~ではありません」の文を作ってみましょう。

> 例) 오늘 今日 / 바쁘다 忙しい → 오늘은 **안** 바쁩니다. 今日は忙しくありません。

① 모레 明後日 / 일하다 仕事する _____
② 당근 ニンジン / 먹다 食べる _____
③ 담배 タバコ / 피우다 吸う _____

練習3 例のように「~で(場所)~をします」の文を作ってみましょう。

> 例) 체육관 体育館 / 운동을 하다 運動をする
> → 체육관**에서** 운동**을** 합니다. 体育館で運動をします。

① 도서관 図書館 / 책을 읽다 本を読む _____
② 운동장 運動場 / 체조를 하다 体操をする _____
③ 시장 市場 / 생선을 팔다 魚を売る _____

表現チェック

쓰다

- 안경을 쓰다 — 眼鏡をかける
- 약이 쓰다 — 薬が苦い
- 편지를 쓰다 — 手紙を書く
- 우산을 쓰다 — 傘をさす
- 모자를 쓰다 — 帽子をかぶる
- 돈을 쓰다 — お金を使う

第12課　귀엽지 않습니까?

文法&練習コーナー

3 ～(으)로：～で(手段・道具)

名詞について手段や方法を表す助詞です。名詞の最後にパッチムがある場合は「～으로」を、ない場合や最後のパッチムが「ㄹ」の場合は「～로」をつけます。

> 名詞の最後にパッチムのある場合＋으로
> 名詞の最後にパッチムのない場合＋로
> 名詞の最後にパッチムが「ㄹ」の場合＋로

例) 자전거로 自転車で
    젓가락으로 箸で
    한국말로 韓国語で

練習4 次の単語に「～(으)로」をつけて言ってみましょう。

① 배　　(　　　　)船で　　　② 비행기(　　　　)飛行機で
③ 숟가락(　　　　)スプーンで　④ 지하철(　　　　)地下鉄で

4 固有数詞

日本語の「ひとつ、ふたつ、みっつ等」にあたる固有語の数字は99まであります。100からは漢数詞と同じです。

1つ	2つ	3つ	4つ	5つ	6つ	7つ	8つ	9つ	10
하나	둘	셋	넷	다섯	여섯	일곱	여덟 [発音여덜]	아홉	열
20	30	40	50	60	70	80	90	99	100
스물	서른	마흔	쉰	예순	일흔 [発音이른]	여든	아흔	아흔 아홉	백

※ ただし、「하나(一つ)、둘(二つ)、셋(三つ)、넷(四つ)」と「스물(二十)」は、後ろに単位を表す言葉(助数詞)がつくと形が変わりますので、注意しましょう。

❏ 主要固有数詞

固有数詞	～名(명=사람)	～個(-개)	～時(-시)	～歳(-살)
하나 → 한	한 명/한 사람	한 개	한 시	한 살
둘 → 두	두 명/두 사람	두 개	두 시	두 살
셋 → 세	세 명/세 사람	세 개	세 시	세 살
넷 → 네	네 명/네 사람	네 개	네 시	네 살
스물 → 스무	스무 명/스무 사람	스무 개		스무 살

❏ その他の助数詞

助数詞	意味	例文
-잔	～杯	하루에 커피를 세 잔 마십니다. 一日にコーヒーを3杯飲みます。
-권	～冊	저는 한 달에 다섯 권 정도 책을 읽습니다. 私は一ヶ月に5冊ほど本を読みます。
-마리	～匹	우리 집에는 개가 두 마리 있어요. 我が家には犬が2匹がいます。
-분	～方	손님이 네 분 오십니다. お客様が4名様いらっしゃいます。
-시간	～時間	서울까지는 비행기로 한 시간 걸립니다. ソウルまでは飛行機で一時間かかります。
-장	～枚	우표 몇 장 드릴까요? 切手、何枚差し上げましょうか。
-번	～回	일 주일에 한 번 부모님께 전화를 합니다. 一週間に一回両親に電話をします。

※ 漢数詞の後に「-번」がつく場合は「何番」となりますので注意しましょう。

例) 일번 一番　　이번 二番　　삼번 三番

会話練習コーナー

練習4 例のように「〜で(手段)〜をします」の文を作ってみましょう。

例） 포도 ブドウ / 와인을 만들다 ワインを作る → 포도로 와인을 만듭니다. ブドウでワインを作ります。

① 종이 紙 / 학을 접다 鶴を折る

② 콩 豆 / 두부를 만들다 豆腐を作る

③ 한국말 韓国語 / 자기소개를 하다 自己紹介をする

練習5 例のように固有数字を使って答えてみましょう。

例） 연필이 몇 자루 있어요? 鉛筆が何本ありますか。(3本) / 세 자루 있어요. 3本あります。

① 교실에 사람이 몇 명 있어요? 教室に人が何人いますか。(5人)

→

② 보통 몇 시에 일어납니까? 普段何時に起きますか。(7時)

→

③ 집에 고양이가 몇 마리 있어요? 家にネコが何匹いますか。(2匹)

→

④ 하루에 커피를 몇 잔 마십니까? 一日にコーヒーを何杯飲みますか。(3杯)

→

練習6 次の時計を見て、例のように時間を言ってみましょう。

例） 7:25 午前　오전 午前 일곱 시 이십오 분 7時25分
（午後の場合は、오후 午後）

① 09:15 午前

② 05:10 午後

③ 11:30 午前

④ 02:45 午後

▶▶ ハングル能力検定試験対策

覚えよう!!   ハングル能力検定出題単語(5級)

학교	学校	병원	病院	화장실	トイレ	이야기하다	話をする
도서관	図書館	우체국	郵便局	오전	午前	입다	着る
교실	教室	은행	銀行	오후	午後	만들다	作る

チャレンジ!!   ハングル能力検定対策問題

◆ 発音どおりに表記したものを①〜④の中から1つ選びなさい。

1 국립

① 국닙　　　② 군립　　　③ 궁립　　　④ 궁닙

◆ 次の日本語の意味を正しく表記したものを①〜④の中から1つ選びなさい。

2 郵便局

① 도서관　　② 우체국　　③ 병원　　　④ 소방서

◆ 次の日本語に当たるものを①〜④の中から1つ選びなさい。

3 午前8時

① 오전 여섯시　② 오후 여섯시　③ 오전 여덟시　④ 오후 여덟시

◆ ( )の中に入れるのに適切なものを①〜④の中から1つ選びなさい。

4 한국 사람하고 한국말(　) 이야기합니다.

① 에서　　　② 으로　　　③ 로　　　　④ 에

◆ 下線部と同じ意味の表現を①〜④の中から1つ選びなさい。

5 오늘은 치마를 안 입습니다.

① 입고 있습니다　② 입지 않습니다　③ 입습니다　④ 입이 아니에요

チンチャ 진짜? そうなの?

찜질방チムジルバンとは、50〜90℃程度の低温サウナを主体とした健康ランドのことで、男女一緒にくつろげるスペースや食堂などが備えてあり、何種類ものお風呂やサウナが楽しめます。ほとんどの施設が24時間営業のため、宿泊施設の代わりにもなっています。入口で料金(500円〜1000円程度)を払って、更衣室で借りた専用着に着替え、タオルを持ってサウナで汗を流し、アカスリなどのエステをしたり、昼寝をしたりテレビを見たり、飲料水やゆで卵を食べるのが定番コースといえます。찜질방チムジルバンでは汗が出るため頭にタオルをよく巻きますが、それを可愛く工夫して登場したのが通称양머리ヤンモリです。

맞~*나아 (マ〜ンナ)　そーなんだ(釜山地域方言)

第13課

어떤 음식을 좋아해요?
どんな料理が好きですか。

学習ポイント
1. ~아요/~어요/~해요　　　うちとけた丁寧形
2. ~을까요?/~ㄹ까요?　　　~ましょうか(勧誘)
3. ~(으)러　　　　　　　　~(動詞)に

1 호　일：아루미 씨는 어떤 음식을 좋아해요?
2 아루미：저는 고기를 좋아해요.
3 호　일：그럼 고기 먹으러 갈까요?
4 아루미：네, 좋아요.
　　　　　(식당에서)
5 호　일：뭘 주문할까요?
6 아루미：삼겹살 먹어요.
7 호　일：여기요! 삼겹살 이 인분 주세요.
8 　　　　그리고 콜라도 두 병 주세요.

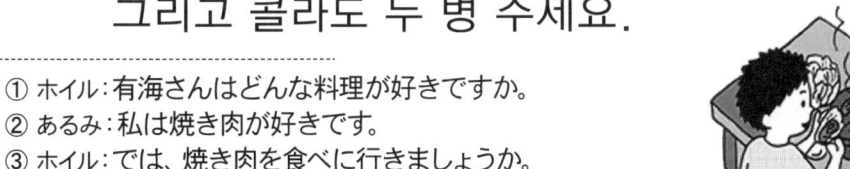

MP3 54

和訳
① ホイル：有海さんはどんな料理が好きですか。
② あるみ：私は焼き肉が好きです。
③ ホイル：では、焼き肉を食べに行きましょうか。
④ あるみ：はい、いいですよ。
　　　　　(食堂で)
⑤ ホイル：何を注文しましょうか。
⑥ あるみ：サムギョプサル食べましょう。
⑦ ホイル：すみません！サムギョプサル2人前ください。
⑧ 　　　　それから、コーラも2本ください。

新しい単語と表現 Check!

어떤 음식	どんな料理	~에서	~(場所)で
~을(를) 좋아하다	~が好きだ	뭘	何を
고기(소고기, 돼지고기)	肉(牛肉、豚肉)	주문하다	注文する
먹다	食べる	여기요!	(人を呼ぶ時)すみません
~(으)러	~(動詞)に	이 인분	二人前
가다	行く	주세요	ください
~(ㄹ)을까요?	~ましょうか	콜라	コーラ
삼겹살	豚の三枚肉	~도	~も
식당	食堂	두 병	二本

ミニ知識
用言の語幹には大きく分けて母音語幹(語幹末にパッチムがないもの)と子音語幹(語幹末にパッチムがあるもの)がありますが、子音語幹のうち「ㄹ リウル」で終わる語幹は変則的活用をすることが多いので普通の子音語幹とは別に「ㄹ リウル 語幹」ともいいます。

第13課　어떤 음식을 좋아해요?　85

文法&練習コーナー

1　動詞・形容詞＋아요/어요(うちとけた場で使う丁寧形語尾)「해요体」

　公の場やかしこまった場面で使われる丁寧形終結語尾「〜ㅂ니다/습니다」(〜です・〜ます)に対して、同じ意味ですが、よりやわらかいニュアンスの終結語尾に「〜아요/〜어요/〜해요」があります。作り方は、動詞・形容詞の基本形「〜다」を取った後の語幹が「ㅏ・ㅗ」の場合は陽母音といって「아요」をつけ、「ㅏ・ㅗ」以外の場合は陰母音といって「어요」をつけます。疑問文の場合は語尾をあげて発音し、書く場合は「?」をつけます。

(1) 語幹の最後の文字にパッチムがある場合

> ① 動詞・形容詞の語幹の最後の文字が陽母音の場合＋아요
> ② 動詞・形容詞の語幹の最後の文字が陰母音の場合＋어요

例　살다 住む → 살＋아요 → 살아요 住みます　　좋다 良い → 좋＋아요 → 좋아요 良いです
　　먹다 食べる → 먹＋어요 → 먹어요 食べます　　맛있다 美味しい → 맛있＋어요 → 맛있어요 美味しいです

(2) 語幹の最後の文字にパッチムがない場合(母音縮約)

> ① 語幹末にパッチムが無く、
> 　語幹末の母音が「ㅏ・ㅓ・ㅐ・ㅔ・ㅕ」の場合 }(母音縮約によって)＋요

例　가다 行く　　→ 가＋아요　→ (가＋아:ㅏと아が縮約され、가) → 가요 行きます
　　서다 立つ　　→ 서＋어요　→ (서＋어:ㅓと어が縮約され、서) → 서요 立ちます
　　지내다 過ごす → 지내＋어요 → (내＋어:ㅐと어が縮約され、내) → 지내요 過ごします
　　세다 数える　→ 세＋어요　→ (세＋어:ㅔと어が縮約され、세) → 세요 数えます
　　켜다 点ける　→ 켜＋어요　→ (켜＋어:ㅕと어が縮約され、켜) → 켜요 点けます

> ② 語幹末にパッチムが無く、
> 　i) 語幹末の母音が「ㅗ」の場合 → ㅗ＋아(ㅗ＋ㅏ)요 → ㅘ요
> 　ii) 語幹末の母音が「ㅜ」の場合 → ㅜ＋어(ㅜ＋ㅓ)요 → ㅝ요
> 　iii) 語幹末の母音が「ㅣ」の場合 → ㅣ＋어(ㅣ＋ㅓ)요 → ㅕ요

例　오다 来る　→ 오　＋아요 → (오＋아:ㅗと아が縮約され、와) → 와요 来ます
　　배우다 学ぶ → 배우＋어요 → (우＋어:ㅜと어が縮約され、ㅝ) → 배워요 学びます
　　마시다 飲む → 마시＋어요 → (시＋어:ㅣと어が縮約され、ㅕ) → 마셔요 飲みます

> ③ 하다 する、되다 なる、〜される、쉬다 休む (注意が必要な動詞)
> 　i)「하다 する」及び「〜하다 〜する」の場合 → 해요 します(別の活用形「하여요」も同じ意味)
> 　ii)「되다 なる」及び「〜되다 〜される」の場合 → 돼요 なります(되＋어요:ㅚと어が縮約され、ㅙ)
> 　iii)「쉬다 休む」の場合 → 쉬어요 休みます(쉬＋어요:ㅟと어は縮約できない)

例　결혼하다 結婚する → 결혼＋해요 → 결혼해요 結婚します

練習1　次の言葉を「～아요/～어요」体に直してみましょう。

文法参照番号	動詞・形容詞	～아/어요体	文法参照番号	動詞・形容詞	～아/어요体
(1)-①	알다 知る		(2)-② i)	나오다 出て来る	
(1)-①	찾다 探す		(2)-② ii)	외우다 覚える	
(1)-①	앉다 座る		(2)-② ii)	두다 置く	
(1)-②	먹다 食べる		(2)-② iii)	기다리다 待つ	
(1)-②	만들다 作る		(2)-② iii)	가르치다 教える	
(1)-②	울다 泣く		(2)-② iii)	마시다 飲む	
(2)-①	자다 寝る		(2)-③ i)	말하다 話す	
(2)-①	사다 買う		(2)-③ i)	노력하다 努力する	
(2)-①	비싸다 (値段が)高い		(2)-③ i)	약속하다 約束する	
(2)-①	보내다 送る		(2)-③ ii)	잘되다 うまく行く	
(2)-①	세다 数える		(2)-③ ii)	안되다 だめだ	
(2)-①	깨다 覚める		(2)-③ iii)	쉬다 休む	
(2)-② i)	보다 見る		(2)-③ iii)	사귀다 付き合う	

第13課　어떤 음식을 좋아해요?

文法&練習コーナー

2　〜을까요?/〜ㄹ까요?：〜ましょうか

人に何かを一緒にすることを勧誘するときに使う「〜ましょうか」に当たる表現で、疑問形として使われます。動詞の最後の文字にパッチムがある場合は「〜을까요?」(ただし、「ㄹ」パッチムの場合は「까요?」をつけますので、注意)、パッチムがない場合は「〜ㄹ까요?」を使います。

動詞の語幹末にパッチムがある場合＋을까요?
動詞の語幹末にパッチムがない場合＋ㄹ까요?
動詞の語幹末のパッチムが「ㄹ」の場合＋까요?

例　찾다 探す　→ 찾을까요? 探しましょうか
　　만나다 会う → 만날까요? 会いましょうか
　　만들다 作る → 만들까요? 作りましょうか

練習1　次の単語に「〜을까요?/〜ㄹ까요?」をつけて言ってみましょう。

① 의자에 앉다（　　　　）椅子に座りましょうか　② 창문을 열다（　　　　）窓を開けましょうか
③ 그림을 그리다（　　　　）絵を描きましょうか　④ 전화를 걸다（　　　　）電話をかけましょうか

3　〜(으)러：〜(動詞)に(目的)

目的を表す表現で、「〜に行く、〜に来る」のような移動を表す動詞の前でよく使われます。

動詞の語幹末にパッチムがある場合＋으러
動詞の語幹末にパッチムがない場合＋러
語幹末のパッチムが「ㄹ」の場合＋러

例　운동하다 運動する → 운동하러 運動しに
　　먹다 食べる　　　→ 먹으러 食べに
　　놀다 遊ぶ　　　　→ 놀러 遊びに

練習2　例のように「〜(으)러」をつけて「〜に行きます」の表現を言ってみましょう。

例　야구하다 野球する → 야구하러 가요. 野球しに行きます。

① 공부하다 勉強する　→ ＿＿＿＿＿＿＿＿＿＿＿　勉強しに行きます。
② 영화 보다 映画を見る → ＿＿＿＿＿＿＿＿＿＿＿　映画を見に行きます。
③ 만나다 会う　　　　→ ＿＿＿＿＿＿＿＿＿＿＿　会いに行きます。
④ 식사하다 食事する　→ ＿＿＿＿＿＿＿＿＿＿＿　食事しに行きます。

※ 助詞の使用に注意が必要な表現

日本語	韓国語	例　文
① 〜(人)に会う	〜을/를 만나다	학교 앞에서 친구를 만나요. 学校の前で友達に会います。
② 〜に乗る	〜을/를 타다	매일 자전거를 타요. 毎日自転車に乗ります。
③ 〜が好きだ	〜을/를 좋아하다	아이스크림을 좋아해요. アイスクリームが好きです。
④ 〜が嫌いだ	〜을/를 싫어하다	고양이를 싫어해요. 猫が嫌いです。
⑤ 〜になる	〜이/가 되다	선생님이 됩니다. 先生になります。

会話練習コーナー

練習1 例のように「~요」で終わる丁寧形の文を作ってみましょう。

> 例 선생님을 만나다. 先生に会う。 → 선생님을 **만나요**. 先生に会います。

① 향수를 좋아하다 香水が好きだ _____

② 자전거를 타다 自転車に乗る _____

③ 축구선수가 되다 サッカー選手になる _____

練習2 例のように「~を~しましょうか?」の文を作ってみましょう。

> 例 피자 ピザ / 주문하다 注文する → 피자**를 주문할까요?** ピザを注文しましょうか。

① 전기 電気 / 끄다 消す _____

② 신문 新聞 / 읽다 読む _____

③ 유니폼 ユニフォーム / 입다 着る _____

練習3 Aの質問に対し、Bのように「~に行きましょう」で答えてみましょう。

> 例 A: 어디 가요? どこ、行きますか
> B: 운전을 배우다. 運転を学ぶ → 운전을 배우**러 가요**. 運転を学びに行きます。

① 콘서트를 보다 コンサートを見る _____

② 입학원서를 받다 入学願書をもらう _____

③ 케이크를 만들다 ケーキを作る _____

練習4 提示された言葉を使って例のような会話文を作ってみましょう。

> 例 골프를 치다 ゴルフをする
> A: 골프를 치러 갈까요? ゴルフをしに行きましょうか B: 네, 좋아요. はい、いいですよ。

① 생선회를 먹다 刺身を食べる A: _____ B: _____

② 바다를 보다 海を見る A: _____ B: _____

③ 선물을 사다 プレゼントを買う A: _____ B: _____

ハングル能力検定試験対策

覚えよう!!   ハングル能力検定出題単語(5級)

차	車、お茶	기차	汽車	버스	バス	만나다	会う
자동차	自動車	전철	電車	택시	タクシー	가르치다	教える
자전거	自転車	지하철	地下鉄	비행기	飛行機	멀다	遠い

チャレンジ!!   ハングル能力検定対策問題

◎ 発音どおりに表記したものを①～④の中から1つ選びなさい。

1 같이

　① 가티　　　② 가띠　　　③ 가치　　　④ 가이

◎ 次の日本語の意味を正しく表記したものを①～④の中から1つ選びなさい。

2 地下鉄

　① 자전거　　② 지하철　　③ 비행기　　④ 자동차

◎ ( )の中に入れるのに適切なものを①～④の中から1つ選びなさい。

3 주말에 친구를 만나( ) 가요.

　① 으러　　　② 으로　　　③ 러　　　　④ 로

4 학교까지 아주 ( ).

　① 멀습니다　② 멀아요　　③ 머러요　　④ 멀어요

5 A:식사 같이 할까요?　B:미안해요. ( ).

　① 시간이 있어요　　　　　② 시간이 없어요
　③ 버스로 와요　　　　　　④ 차가 있어요

진짜? (チンチャ) そうなの?

「スタミナ満点」「辛い」「美容にいい」というイメージの強い韓国の食文化は、ご飯を主食としながら、肉料理や魚料理、野菜を使った料理などを加え、栄養バランスのとれた献立を重視していることにその特徴があります。特に葉野菜などに包んだり混ぜたりして食べる料理が多いですが、中でも焼き肉を食べる時、サンチュやエゴマの葉などに肉を載せて包んで食べることは日本でも有名です。
「薬食同源(良い食べ物は薬となって良い体を作る)」が食生活の基になっているため、漢方(韓国では「韓方」と表記しています)を使った料理や薬膳料理も発達しています。

맞나앙 (マ～ンナ) そーなんだ(釜山地域方言)

ブラッシュアップ Brushup

□ ドレミの歌

도레미 송

리처드 로저스 작곡

도 는 하얀 도라지   레 는 새콤한 레몬
미 는 파란 미나리   파 는 예쁜 파랑새
솔 은 솔방울의 솔   라 는 라일락의 라
시 는 시냇물의 시   처음 부터 다시 불러 보자
도 레 미 파 솔 라 시 도 솔 도

도레미 송
ドレミの歌

도는 하얀 도라지, **레**는 새콤한 레몬,
ドは白いトラジ(キキョウ)、レは酸っぱいレモン

미는 파란 미나리, **파**는 예쁜 파랑새
ミは青いセリ、ファは綺麗な青い鳥

솔은 솔방울의 솔, **라**는 라일락의 라
ソは松ぼっくりのソ、ラはライラックのラ

시는 시냇물의 시, 처음부터 다시 불러보자
シは小川のシ、最初からもう一度歌ってみよう

도 레 미 파 솔 라 시 도 솔 도
ドレミファソラシドソド

第13課　어떤 음식을 좋아해요?

ブラッシュアップ Brushup

☐ 慣用表現

퀴즈 クイズ

次の韓国語の慣用表現に当てはまる日本語の表現を線でつないでみましょう。

① 국수를 먹다　　　　・　　　　　　　・ 決心する

② 미역국을 먹다　　・　　　　　　　・ 試験に落ちる

③ 마음을 먹다　　　・　　　　　　　・ 結婚する

④ 손발이 맞다　　　・　　　　　　　・ 息が合う

⑤ 발이 넓다　　　　・　　　　　　　・ 気が利く

⑥ 귀가 얇다　　　　・　　　　　　　・ 優柔不断だ

⑦ 열을 받다　　　　・　　　　　　　・ 口が軽い

⑧ 외국 물을 먹다　・　　　　　　　・ 海外生活を経験する

⑨ 입이 싸다　　　　・　　　　　　　・ 顔が広い

⑩ 가방 끈이 길다　・　　　　　　　・ 頭にくる

⑪ 죽이 맞다　　　　・　　　　　　　・ うまが合う

⑫ 눈치가 빠르다　　・　　　　　　　・ 学歴が高い

第14課　송편은 어떻게 만들어요?
ソンピョンはどのように作りますか。

> **学習ポイント**
> 1. ~(으)세요
> 2. ~네요
> 3. 変則用言
>
> ~られます(られますか)/~てください
> ~ますね/~(形容詞)ですね

1 아루미: 송편은 어떻게 만들어요?
2 호　일: 이렇게 반달 모양으로 만드세요.
3 아루미: 제 송편 모양 어때요?
4 호　일: 예뻐요.
5 아루미: 생각보다 어려워요. 모양이 다 달라요.
6 호　일: 아니에요. 귀엽네요.
7 아루미: 그런데, 송편은 왜 소나무 잎으로 쪄요?
8 호　일: 글쎄요. 저도 몰라요. 어머니께 물어 볼까요?

和訳
① あるみ: ソンピョンはどのように作りますか。
② ホイル: このように半月の形で作って下さい。
③ あるみ: 私のソンピョンの形、どうですか。
④ ホイル: 綺麗です。
⑤ あるみ: 思ったより難しいです。形が全部バラバラです。
⑥ ホイル: いやいや、可愛いですよ。
⑦ あるみ: ところで、ソンピョンはなぜ松の葉で蒸しますか。
⑧ ホイル: さあ、私も分かりません。母に聞いてみましょうか。

新しい単語と表現 Check!

송편	秋夕(中秋の名月)に食べる餅	다	すべて、全部
처음	初めて	다르다	違う、異なる
만들다	作る	아니에요	いいえ、いやいや
반달 모양	半月の形	왜	なぜ、どうして
~(으)세요	~てください	소나무 잎	松の葉
제	私の	찌다	蒸す
예쁘다	綺麗だ、可愛い	글쎄요	さあ
~네요	~ますね/~(形容詞)ですね	모르다	知らない、分からない
생각보다	思ったより	묻다	問う、尋ねる
어렵다	難しい	물어보다	尋ねてみる

> **ミニ知識**
> 韓国では餅のことを「떡トック」といいます。韓国で大人気のおやつ「떡볶이トッポッキ」は、元々「餅炒め」という意味です。他に、韓国の秋夕(日本では中秋の名月に当たる)には송편ソンピョンを、お正月には떡국トックッ(韓国式お雑煮)を食べます。

文法&練習コーナー

1　세요/으세요：動詞・形容詞＋〜てください/敬語

　丁寧な命令や依頼表現の「〜세요(?)/으세요(?)」は尊敬の表現(「〜られます(か)」)としても使われます。使い方は、動詞の語幹にパッチムがある場合は「〜으세요」、パッチムがない場合は「〜세요」、用言の語幹が「ㄹ」パッチムの場合は「ㄹ」が脱落して「〜세요」をつけます。

> 語幹にパッチムがある場合＋으세요(?)
> 語幹にパッチムがない場合＋세요(?)
> 「ㄹ」パッチムの場合＋세요(?)

例　읽다 読む　→　읽＋으세요　→　읽으세요 読んで下さい
　　오다 来る　→　오＋세요　　→　오세요 来て下さい
　　만들다 作る → 만드＋세요　→　만드세요 作って下さい
　　　　　　　　　「ㄹ」脱落

練習1　次の単語に「〜으세요/〜세요」をつけて言ってみましょう。
① 말하다 言う（　　　　　）言ってください　② 돌아가다 帰る（　　　　　）帰って下さい
③ 찾다 探す（　　　　　）探してください　　④ 걸다 かける（　　　　　）かけて下さい

2　〜네요：動詞・形容詞＋ですね・ますね

　動詞・形容詞の語幹に「〜네요」をつけて感嘆や同感の意味を表します。ただし、語幹のパッチムが「ㄹ」の場合は「ㄹ」が脱落しますので注意しましょう。

例　비가 오다 雨が降る　　　→　오＋네요　　　→　비가 오네요 雨が降りますね。
　　라면이 맵다 ラーメンが辛い　→　맵＋네요　　→　라면이 맵네요 ラーメンが辛いですね。
　　생각보다 멀다 思ったより遠い → 머(ㄹ脱落)＋네요 → 생각보다 머네요 思ったより遠いですね。

練習2　次の単語に「〜네요」をつけて言ってみましょう。
① 송편이 맛있다 ソンピョンが美味しい（　　　　　）　② 약이 쓰다 薬が苦い（　　　　　）
③ 국이 짜다 スープが塩辛い　　　（　　　　　）　④ 떡이 달다 餅が甘い（　　　　　）

3　変則用言

(3)-1 「ㅡ」脱落

　語幹末が「ㅡ」母音の動詞・形容詞は、語幹の後に「ㅏ/ㅓ」が続くと「ㅡ」が脱落します。例えば、「쓰다」のように語幹が一文字の場合は「〜ㅓ요」をつけ(쓰다書く→ㅆ＋ㅓ요→써요書きます)、語幹が二文字以上の場合は「ㅡ」の前の母音が「ㅏ/ㅗ」であれば「〜ㅏ요」を(바쁘다忙しい→바빠＋ㅏ요→바빠요忙しいです)、他の母音の場合は「〜ㅓ요」をつけます。これを「으」語幹変則といいます。

練習3　次の単語に「〜요」体に直してみましょう。
① 크다 大きい（　　　　　）　② 아프다 痛い（　　　　　）　③ 기쁘다 嬉しい（　　　　　）

(3)-2「ㅂピウップ」脱落

語幹末のパッチムが「ㅂ」で終わる形容詞は、その後に「아/어/으」が続くと「ㅂ」パッチムが「우」に変わります。(※ 注意「좁다 狭い → 좁아요 狭いです」)

例 춥다 寒い　→ 추＋(우＋어)요：추워요 寒いです
　 맵다 辛い　→ 매＋(우＋어)요：매워요 辛いです
　 쉽다 易しい → 쉬＋(우＋어)요：쉬워요 易しいです

練習4　次の単語を해요体に直してみましょう。
　① 귀엽다 可愛い（　　　）　② 부끄럽다 恥ずかしい（　　　）　③ 시끄럽다 うるさい（　　　）

(3)-3「르」変則

語幹末が「르」で終わる動詞・形容詞は、その後に「ㅏ/ㅓ」が続くと「르」母音の「ㅡ」が脱落し、残った「ㄹ」は前の音節のパッチムとなり、「르」の前の母音が「ㅏ/ㅗ」の場合は「〜라요」、「ㅏ/ㅗ」以外の母音の場合は「〜러요」をつけます。つまり、「르」の前の母音が①「ㅏ/ㅗ」の場合は「〜ㄹ라」、②「ㅏ/ㅗ」以外の母音の場合は「〜ㄹ러」に変わります。

①「르」の前の音節が陽母音「ㅏ・ㅗ」の場合
　빠르다 速い　 → 빠(르＋아)요 → (빠＋ㄹ라)요 → 빨라요 速いです
　모르다 知らない → 모(르＋아)요 → (모＋ㄹ라)요 → 몰라요 分かりません

②「르」の前の音節が陰母音「ㅏ・ㅗ以外」の場合
　배 부르다 満腹だ → 배 부(르＋어)요 → (부＋ㄹ러)요 → 배 불러요 満腹です
　흐르다 流れる　 → 흐(르＋어)요　 → (흐＋ㄹ러)요 → 흘러요 流れます

練習5　次の言葉を해요体に直してみましょう。
　① 목이 마르다 のどが乾く（　　　）　② 노래를 부르다 歌を歌う（　　　）

(3)-4「ㄷ」変則

語幹末のパッチムが「ㄷ」で終わる動詞・形容詞は、その後に「아/어/으」母音が続くと「ㄷ」パッチムが「ㄹ」に変わるものが一部あります。これを「ㄷ変則動詞」といいます。
※「ㄷ変則」の動詞・形容詞は数が少ないので以下の例だけ覚えておきましょう。

例「ㄷ」変則する動詞
　걷다 歩く　 → (걸＋어)요 → 걸어요 歩きます
　묻다 質問する → (물＋어)요 → 물어요 質問します
　듣다 聞く　 → (들＋어)요 → 들어요 聞きます

```
※ 注意       받다 もらう → (받＋아)요 → 받아요 もらいます
  変則しない  닫다 閉める → (닫＋아)요 → 닫아요 閉めます
  用言        믿다 信じる → (믿＋어)요 → 믿어요 信じます
```

(3)-5 「ㄹリウル」脱落

語幹末のパッチムが「ㄹ」で終わる動詞・形容詞は、後ろに「ㄴニウン」「ㅂピウップ」「ㅅシオッ」が来ると、語幹末の「ㄹ」パッチムが脱落します。

基本形	動詞+ㅂ니다/습니다	動詞+(으)세요
만들다 作る	만듭니다 作ります	만드세요 作ってください
놀다 遊ぶ	놉니다 遊びます	노세요 遊んでください
열다 開ける	엽니다 開けます	여세요 開けてください

練習6 変則活用に注意しながら次の用言を活用形に直してみましょう。

	原形	～ㅂ니다/습니다 (～です・ます)	～아요/어요 (～です・ます)	～(으)세요? (～られますか)
으変則	아프다 痛い			
	배고프다 空腹だ			
	바쁘다 忙しい			
ㅂ変則	덥다 暑い			
	즐겁다 楽しい			
	어렵다 難しい			
르変則	배부르다 満腹だ			
	모르다 知らない			
	고르다 選ぶ			
ㄷ変則	걷다 歩く			
	싣다 乗せる			
	듣다 聞く			
ㄹ変則	알다 知る			
	울다 泣く			
	팔다 売る			

会話練習コーナー

練習1 例のように「～てください」の文を作ってみましょう。

例 한국말로 이야기하다 韓国語で話す → 한국말로 이야기하**세요**. 韓国語で話してください。

① 팩스를 보내다 ファックスを送る _____

② 여기에 앉다 ここに座る _____

③ 가방을 들다 カバンを持つ _____

練習2 例のように「～ですね・～ますね」の文を作ってみましょう。

例 운동을 잘 하다 運動が上手だ → 운동을 잘 하**네요**. 運動が上手ですね。

① 후지산이 보이다 富士山が見える _____

② 사진을 찍다 写真を撮る _____

③ 머리가 길다 髪が長い _____

練習3 例のように「～요」で終わる丁寧形の文を作ってみましょう。

例 배가 많이 고프다 とてもお腹がすいている → 배가 많이 **고파요**. とてもお腹がすいています。

① 드라마가 슬프다 ドラマが悲しい _____

② 영화가 무섭다 映画が怖い _____

③ 눈물이 흐르다 涙が流れる _____

練習4 例のように会話文を作ってみましょう。

例 A: 내일 시간 있으세요? 明日時間ありますか
　　B: 내일은 바쁘다 明日は忙しい → 내일은 **바빠요**. 明日は忙しいです。

① A: 무슨 운동 하세요? どんな運動をなさいますか。
　　B: 매일 걷다 毎日歩く → _____ 毎日歩きます。

② A: 지금 뭐 하세요? 今、何をなさっていますか。
　　B: 음악을 듣다 音楽を聞く → _____ 音楽を聞いています。

③ A: 오키나와는 어때요? 沖縄はどうですか。
　　B: 너무 덥다 とても暑い → _____ とても暑いです。

ハングル能力検定試験対策

覚えよう!!
ハングル能力検定出題単語(5級)

신문	新聞	시계	時計	연필	鉛筆	싸다	安い
전화	電話	안경	眼鏡	양말	靴下	비싸다	値段が高い
편지	手紙	우표	切手	그림	絵	잊다	忘れる

チャレンジ!!
ハングル能力検定対策問題

◎ 発音どおりに表記したものを①〜④の中から1つ選びなさい。

1 한국영화

① 한구경화　　② 한국경화　　③ 한궁녕화　　④ 한궁녕와

◎ 次の日本語の意味を正しく表記したものを①〜④の中から1つ選びなさい。

2 机

① 의자　　② 책　　③ 책상　　④ 노트

◎ (　)の中に入れるのに適切なものを①〜④の中から1つ選びなさい。

3 (　)을 신습니다.

① 우산　　② 안경　　③ 바지　　④ 양말

4 한국의 가을(　)이 아름답네요.

① 편지　　② 하늘　　③ 선물　　④ 시계

5 A:뭘 고르세요?
　　B:친구 생일 선물을 (　　　).

① 골라요　　② 고르어요　　③ 골라요　　④ 고워요

チンチャ 진짜? そうなの?

お盆休みのことを韓国では秋夕(추석チュソク)といいます。チュソクは韓国人にとって、祖先祭祀や墓参などの行事が行われる重要な祭日です。前後3日間が祝日であり、帰省シーズンとなります。チュソク当日の朝、各家庭では全家族が晴れ着に着替え、新穀で作ったお酒と송편ソンピョン(松片、秋夕特有の松葉蒸し餅)や、ナツメ・栗・柿などの新たに採れた果物を祖先の祭壇に供えて祀ります。これを차례(チャレ、茶礼)といいます。また、秋夕前後には祖先の墓参りを行い、これに合わせて墓の草取りを行います。そして夜は満月を見ながら民俗遊びをみんなで楽しみます。

맞~나항 (マ～ンナ)　そーなんだ(釜山地域方言)

第15課

며칠 전부터 준비했어요.
数日前から準備しました。

学習ポイント
1. ~(이)지요(?)　　　~でしょう(?)
2. ~고 싶어요　　　~したいです
3. ~(았)었　　　　　過去形

① 어머니: 아루미 씨는 김장 처음이지요?
② 아루미: 네, 처음이에요. 재료가 정말 많네요.
③ 어머니: 며칠 전부터 준비했어요.
④ 아루미: 양념은 어떻게 발라요?
⑤ 어머니: 양념은 배추 겉잎부터 발라요.
⑥ 　　　　그리고 겉잎으로 배추 전체를 싸요.
⑦ 아루미: 와~, 맛있겠다.
⑧ 　　　　빨리 먹고 싶어요.

和訳
① お母さん: 有海さんはキムジャン、初めてでしょう。
② あるみ　: はい、初めてです。材料が本当に多いですね。
③ お母さん: 数日前から準備しました。
④ あるみ　: ヤンニョムはどのように塗りますか。
⑤ お母さん: ヤンニョムは白菜の外側の葉から塗ります。
⑥ 　　　　　それから、外側の葉で白菜全体を包みます。
⑦ あるみ　: わあ〜、美味しそう。
⑧ 　　　　　早く食べたいです。

新しい単語と表現 Check!

김장	キムジャン(冬越し用のキムチ漬け)	바르다	塗る
~(이)지요?	でしょう・ですよね	배추	白菜
재료	材料	겉잎[発音건닙]	外側の葉っぱ
정말	本当に	그리고	そして、それから
많다	多い	마지막	最後
며칠	数日、何日	전체	全体
전부터	前から	싸다	包む
준비	準備	맛있겠다	美味しそうだ
그런데	ところで、ところが	빨리	早く
양념	ヤンニョム、薬味	~고 싶어요	~たいです

ミニ知識
韓国料理における合わせ調味料のことを「양념ヤンニョム(薬念)」といいます。これは薬になるように念じて作るという医食同源の考えから来た言葉です。

文法&練習コーナー

1 ～(이)지요(?)：～でしょう。～ですよね。

　動詞や名詞の後について、相手に確認をしたいときに使う語尾の表現です。名詞の後ろに付く場合は、名詞の最後の文字にパッチムがある場合は「～이지요(?)」、パッチムがない場合は「～지요(?)」をつけます。動詞・形容詞の場合は、用言の語幹に「～지요(?)」をつけます。会話では縮約形である「～죠」がよく使われます。

> 名詞の最後にパッチムがある場合+이지요(?)
> 名詞の最後にパッチムがない場合+지요(?)
> 語幹(動詞・形容詞)+지요(?)

例　여기가 홍대앞이지요? ここがホンデ前でしょう。
　　저 사람은 가수지요? あの人は歌手でしょう。
　　같이 가죠 一緒に行きましょう。
　　요즘 바쁘죠? 最近忙しいでしょう。

練習1 次の単語に「～(이)지요(?)」をつけて言ってみましょう。

① 다음달이 겨울방학 来月が冬休み（　　　　　）　② 뉴스를 보다 ニュースを見る（　　　　　）
③ 많이 춥다 すごく寒い（　　　　　）　④ 요즘 피곤하다 最近疲れる（　　　　　）

2 ～고 싶다：～したい(希望)

　動詞・形容詞の語幹について話手の希望や願望を表す語尾の表現です。否定文の場合は「안 ～고 싶다」や「～고 싶지 않다」(～したくない)の形で使われます。

> 動詞・形容詞の語幹+고 싶다

例　유학가다 留学する → 유학가+고 싶다 → 유학가고 싶어요. 留学したいです。
　　취직하다 就職する → 취직하+고 싶다 → 취직하고 싶어요. 就職したいです。
　　먹다 食べる ｛→ 먹+고 싶+지 않다 → 먹고 싶지 않아요. 食べたくありません。
　　　　　　　　→ 안+먹+고 싶어요 → 안 먹고 싶어요. 食べたくありません。

練習2 次の単語に「～고 싶어요」をつけて言ってみましょう。

① 여기저기 구경하다 あちこち見物する ＿＿＿＿＿＿＿＿＿＿
② 사진을 찍다 写真を撮る ＿＿＿＿＿＿＿＿＿＿
③ 콘서트에 가다 コンサートに行く ＿＿＿＿＿＿＿＿＿＿
④ 한국 문화를 배우다 韓国の文化を学ぶ ＿＿＿＿＿＿＿＿＿＿

3 過去形

動詞・形容詞(用言)+았어요・었어요：(打ち解けた丁寧形の過去形語尾)

過去形は、動詞・形容詞の語幹の母音が「ㅏ・ㅗ」(陽母音)の場合は「～았어요」、語幹の母音が「ㅏ・ㅗ以外」(陰母音)の場合は「～었어요」をつけます。「하다」用言の場合は「～했어요」をつけます。また、かしこまった丁寧形の過去形語尾は「～았습니다/～었습니다/～했습니다」になります。

(1) 語幹の最後の文字にパッチムがある場合

> ① 動詞・形容詞の語幹の最後の文字が陽母音の場合+았어요
> ② 動詞・形容詞の語幹の最後の文字が陰母音の場合+었어요

例 앉다 座る → 앉+았어요 → 앉았어요 座りました　먹다 食べる → 먹+었어요 → 먹었어요 食べました
　 좋다 良い → 좋+았어요 → 좋았어요 良かったです　읽다 読む → 읽+었어요 → 읽었어요 読みました

練習3 次の言葉を過去形「았어요・었어요」に直して言ってみましょう。

① 알다 分かる(　　　) ② 앉다 座る(　　　) ③ 입다 着る(　　　) ④ 벗다 脱ぐ(　　　)

(2) 語幹の最後の文字にパッチムがない場合(母音縮約)

> ① 語幹末にパッチムが無く、
> 　語幹末の母音が「ㅏ・ㅓ・ㅐ・ㅔ・ㅕ」の場合 } (母音縮約によって)+ㅆ요

例 가다 行く　 → 가+았　→ (가+았:ㅏと았が縮約され、갔) → 갔어요 行きました
　 서다 立つ　 → 서+었　→ (서+었:ㅓと었が縮約され、섰) → 섰어요 立ちました
　 지내다 過ごす → 지내+었 → (내+었:ㅐと었が縮約され、냈) → 지냈어요 過ごしました
　 세다 数える → 세+었　→ (세+었:ㅔと었が縮약され、셌) → 셌어요 数えました
　 켜다 点ける → 켜+었　→ (켜+었:ㅕと었が縮約され、켰) → 켰어요 点けました

練習4 次の言葉を過去形「았어요・었어요」に直して言ってみましょう。

① 자다 寝る(　　　) ② 건너다 渡る(　　　) ③ 깨다 覚める(　　　) ④ 펴다 広げる(　　　)

> ② 語幹末にパッチムが無く、
> 　ⅰ) 語幹末の母音が「ㅗ」の場合 → ㅗ+았(ㅗ+았)요 → 왔어요
> 　ⅱ) 語幹末の母音が「ㅜ」の場合 → ㅜ+었(ㅜ+었)요 → 웠어요
> 　ⅲ) 語幹末の母音が「ㅣ」の場合 → ㅣ+었(ㅣ+었)요 → 였어요

例 오다 来る　 → 오 +았어요 → (오+았:ㅗと았が縮約され、왔) → 왔어요 来ました
　 배우다 学ぶ → 배우+었어요 → (우+었:ㅜと었が縮約され、웠) → 배웠어요 学びました
　 마시다 飲む → 마시+었어요 → (시+었:ㅣと었が縮約され、셨) → 마셨어요 飲みました

練習5 次の言葉を過去形「았어요・었어요」に直して言ってみましょう。

① 보다 見る(　　　) ② 비우다 空ける(　　　) ③ 가르치다 教える(　　　) ④ 기다리다 待つ(　　　)

> ③ 하다 する、되다 なる、〜される、쉬다 休む (注意が必要な動詞)
> 　ⅰ)「하다 する」及び「〜하다 〜する」の場合 → 했어요 します(別の活用形「하였어요」も同じ意味)
> 　ⅱ)「되다 なる」及び「〜되다 〜される」の場合 → 됐어요 なります(되+었:ㅚとㅓが縮約され、ㅙ)
> 　ⅲ)「쉬다 休む」の場合 → 쉬었어요 休みます(쉬+어요:ㅟと었は縮約されない)

例 따뜻하다 暖かい → 따뜻했어요 暖かかったです　　사귀다 付き合う → 사귀었어요 付き合いました

第15課　며칠 전부터 준비했어요

練習6 次の単語を過去形に直してみましょう。

文法参照番号	動詞・形容詞	～았/었어요	文法参照番号	動詞・形容詞	～았/었어요
(1)-①	알다 知る・分かる		(2)-② i)	보다 見る	
(1)-①	찾다 探す		(2)-② i)	나오다 出て来る	
(1)-①	앉다 座る		(2)-② ii)	외우다 覚える	
(1)-②	먹다 食べる		(2)-② ii)	두다 置く	
(1)-②	만들다 作る		(2)-② iii)	기다리다 待つ	
(1)-②	울다 泣く		(2)-② i)	가르치다 教える	
(2)-①	자다 寝る		(2)-③ i)	말하다 話す	
(2)-①	비싸다 (値段が)高い		(2)-③ iii)	약속하다 約束する	
(2)-①	보내다 送る		(2)-③ ii)	안되다 だめだ	
(2)-①	깨다 覚める		(2)-③ iii)	쉬다 休む	

※ 時間を表すことば

그저께 一昨日	어제 昨日	오늘 今日	내일 明日	모레 明後日
글피 明々後日	지난 주 先週	이번 주 今週 [発音이번쭈]	다음 주 来週 [発音다음쭈]	다다음 주 再来週 [発音다다음쭈]
지지난 달 先々月	지지난 주 先々週	이번 달 今月 [発音이번딸]	다음 달 来月 [発音다음딸]	다다음 달 再来月 [発音다다음딸]
재작년 昨年 [発音재장년]	작년 昨年 [発音장년]	올해 今年	내년 来年	내후년 再来年
언제나 いつも	매일 毎日	하루종일 一日中	자주 頻繁に	가끔 たまに

会話練習コーナー

練習1 例のように「〜지요(죠)?」を使って「〜でしょう」の文を作ってみましょう。

> 例) 날씨가 좋다 天気が良い → 날씨가 좋**지요?(좋죠?)** 天気がいいでしょう。

① 김치가 맵다 キムチが辛い _____

② 저분이 선생님이다 あの方が先生だ _____

③ 구두가 좀 크다 靴がちょっと大きい _____

練習2 例のように「〜したいです」の文を作ってみましょう。

> 例) 스위스에 スイスに/가다 行く → 스위스에 가고 **싶어요.** スイスに行きたいです。

① 유럽에 ヨーロッパに/가다 行く _____

② 오토바이를 オートバイを/사다 買う _____

③ 자리를 席を/바꾸다 替える _____

練習3 次の文章を例のように「〜았어요・었어요」の過去形に直してみましょう。

> 例) 어제 친구를 만나다 昨日友だちに会う → 어제 친구를 **만났어요.** 昨日友だちに会いました。

① 방에 침대를 놓다 部屋にベッドを置く _____

② 한국어 수업이 끝나다 韓国語の授業が終わる _____

③ 결혼을 약속하다 結婚を約束する _____

④ 겨울방학이 시작되다 冬休みが始まる _____

練習4 次の文章を例のように「〜たかったです」に直してみましょう。

> 例) 한국에 유학을 가다 韓国へ留学に行く
> → 한국에 유학을 가고 **싶었어요.** 韓国へ留学に行きたかったです。

① 여기서 사진을 찍다 ここで写真を撮る _____

② 운전면허를 따다 運転免許を取る _____

③ 한복을 입어 보다 韓国の伝統衣装を着てみる _____

第15課　며칠 전부터 준비했어요

ハングル能力検定試験対策

覚えよう!!
ハングル能力検定出題単語(5級)

감기	風邪	시험	試験	모두	すべて	돌아오다	帰ってくる
결혼	結婚	시작	始まり	단어	単語	찾다	探す
숙제	宿題	문제	問題	마음	心	웃다	笑う

チャレンジ!!
ハングル能力検定対策問題

次の日本語の意味を正しく表記したものを①〜④の中から1つ選びなさい。

1 単語
　① 모두　　② 마음　　③ 단어　　④ 숙제

（　）の中に入れるのに適切なものを①〜④の中から1つ選びなさい。

2 우체국에서 (　　)을/를 샀어요.
　① 문제　　② 감기　　③ 우표　　④ 시험

3 A: 한국에서 언제 돌아왔어요?　B: (　　)에 돌아왔어요.
　① 다음주　　② 지난주　　③ 오늘　　④ 내일

4 A: 한국에서 뭘 하고 싶어요?　B: (　　　　).
　① 쇼핑을 했어요　　　② 쇼핑을 합니다
　③ 쇼핑을 하고 싶어요　④ 쇼핑을 해요

5 A: 날씨가 (　　　)?　B: 네, 너무 더워요.
　① 덥죠?　　② 춥죠?　　③ 맛있지요?　　④ 멋있죠?

진짜? そうなの?

韓国では全国民が一斉にキムチを漬ける時期があります。大体11月の下旬から12月の初旬にかけて、翌年の春まで食べるキムチを大量に漬けますが、これを「キムジャン」といいます。この時期になると、新聞やニュースでは「キムチ前線」が南下してくることを知らせ、会社からはキムジャンボーナスやキムチ休暇が与えられることもあります。韓国は日本より湿度が低くて乾燥しています。そのため、小さくて固い韓国の野菜はミネラルが豊富です。水分の多い日本の野菜は鍋料理に適していますが、韓国の野菜は漬物にすると歯応えがあってとても美味しいです。

맞~나? (マ〜ンナ)　そーなんだ (釜山地域方言)

ブラッシュアップ Brushup

□ 過去形トレーニング

퀴즈 クイズ
次の文章を読んで、下線の部分を過去形に直してみましょう。

10월 28일 월요일 ☀

오늘은 공휴일<u>입니다</u>.　　　　　　　　　　　　（❶　　　　　　）
今日は祝日です。　　이다

친구와 기차를 타고 춘천에 여행을 <u>다녀옵니다</u>.　（❷　　　　　　）
　　　　　　　　　　　　　　　　다녀오다
友達と汽車に乗ってチュンチョンに旅行に行って来ます。

춘천은 처음입니다.
チュンチョンは初めてです。

서울에서 춘천까지는 2시간 정도 <u>걸립니다</u>.　　（❸　　　　　　）
　　　　　　　　　　　　　　　걸리다
ソウルからチュンチョンまで2時間ほどかかります。

춘천역에서 내려서 겨울연가 촬영지를 관광하고, 점심에는
닭갈비를 <u>먹습니다</u>.　　　　　　　　　　　　　（❹　　　　　　）
　　　　먹다
チュンチョン駅で降りて冬のソナタの撮影地を観光して、昼にはタッカルビを食べます。

그리고 배를 타고 남이섬에 <u>갑니다</u>.　　　　　　（❺　　　　　　）
そして船に乗ってナミソムに行きます。　　가다

남이섬은 조용하고 <u>아름답습니다</u>.　　　　　　　（❻　　　　　　）
　　　　　　　　　　아름답다
ナミソムは静かで美しいです。

남이섬에는 일본 관광객들도 <u>많습니다</u>.　　　　（❼　　　　　　）
ナミソムには日本の観光客たちも多いです。　많다

남이섬을 구경하고 저녁에 서울로 <u>돌아옵니다</u>.　（❽　　　　　　）
ナミソムを見物して夕方にソウルへ戻ります。　돌아오다

돌아오는 기차 안에서 도시락을 먹고 사진도 <u>찍습니다</u>.（❾　　　　　　）
帰りの汽車の中でお弁当を食べて写真も撮ります。　찍다

조금 피곤했지만 오늘 여행은 너무 <u>좋습니다</u>.　（❿　　　　　　）
少し疲れましたが、今日の旅行はとてもいいです。　좋다

第15課　며칠 전부터 준비했어요

ブラッシュアップ Brushup

❑ 助詞トレーニング

퀴즈 クイズ

次の( )の中に入る適切な助詞を①〜④の中から一つ選んでください。

❶ 저( ) 대학생이에요.
　① 가　　　② 는　　　③ 와　　　④ 를
❷ 우리 가족( ) 경주에 살고 있어요.
　① 와　　　② 을　　　③ 은　　　④ 가
❸ 여기( ) 서울역이에요?
　① 은　　　② 가　　　③ 하고　　④ 를
❹ 이 교과서는 제 것( ) 아니에요.
　① 가　　　② 과　　　③ 와　　　④ 이
❺ 한국 드라마( ) 자주 봐요.
　① 를　　　② 을　　　③ 가　　　④ 하고
❻ 저는 한국 요리( ) 좋아해요.
　① 가　　　② 를　　　③ 을　　　④ 이
❼ 매일 지하철( ) 학교에 가요.
　① 로　　　② 으러　　③ 으로　　④ 를
❽ 집( ) 신촌역까지 30분 쯤 걸려요.
　① 에　　　② 까지　　③ 에서　　④ 과
❾ 토요일은 커피숍( ) 아르바이트를 해요.
　① 에　　　② 까지　　③ 은　　　④ 에서
❿ 버스( ) 지하철이 편리해요.
　① 보다　　② 를　　　③ 에서　　④ 부터
⓫ 아침은 주로 빵( ) 과일을 먹어요.
　① 이나　　② 은　　　③ 나　　　④ 를
⓬ 매일 버스( ) 타요.
　① 를　　　② 에　　　③ 에서　　④ 을
⓭ 여자 친구( ) 선물을 보냈어요.
　① 에서　　② 에게　　③ 부터　　④ 보다
⓮ 할아버지( ) 편지를 썼어요.
　① 하고　　② 께　　　③ 을　　　④ 한테
⓯ 홍대 앞에서 친구( ) 만날 거예요.
　① 가　　　② 에서　　③ 부터　　④ 를

第16課

따뜻해서 맛있을 거예요.
温かいので美味しいと思います。

学習ポイント
1. ~아서/어서　　　　　　　　　~て、ので、から
2. ~(으)ㄹ 거예요　　　　　　　~でしょう(推量)、~(する)つもりです
3. ~(으)면 되다/안 되다　　　　~ればいい/~てはいけない

① 호일과 아루미 : 선생님, 새해 복 많이 받으세요.
② 선생님　　　 : 네, 여러분도 새해 복 많이 받으세요.
③　　　　　　　떡국을 준비했어요.
　　　　　　　　(떡국을 먹으면서)
④ 호　일　　　 : 선생님, 떡국이 정말 맛있어요.
⑤ 선생님　　　 : 따뜻해서 맛있을 거예요.
⑥ 아루미　　　 : 너무 맛있어서 한 그릇 더 먹고 싶어요.
⑦ 호　일　　　 : 떡국은 두 그릇 먹으면 안돼요.
⑧　　　　　　　떡국을 한 그릇 더 먹으면 나이도 한 살 더 먹어요.

和訳
① ホイルとあるみ：先生、明けましておめでとうございます。
② 先　生：皆さん、明けましておめでとうございます。
③　　　　トックク(韓国式お雑煮)を準備しました。
　　　　　(韓国式お雑煮を食べながら)
④ ホイル：先生、トッククが本当に美味しいです。
⑤ 先　生：温かいから美味しいと思います。
⑥ あるみ：とても美味しくて、もう一杯食べたいです。
⑦ ホイル：トックク は2杯食べてはいけません。
⑧　　　　トッククをもう一杯食べると、年ももう一歳取りますよ。

新しい単語と表現 Check!

새해	新年	정말	本当に
복	福	너무	とても
받다	もらう、受ける	한 그릇	一杯
여러분	皆さん	더	もっと
떡국	トックク、韓国式お雑煮	두 그릇	二杯
준비하다	準備する	~(으)면 안돼요	~てはいけません
따뜻하다	温かい	나이	歳、年齢
맛있다	美味しい	한 살	一歳

ミニ知識
日本のお正月は西暦の1月1日ですが、韓国では旧暦の1月1日を「설날ソルナル又は구정クジョン(旧正)」といって大々的に祝います。설날ソルナルには、新年のあいさつとして目上の人にお辞儀をする세배セベ(歳拝)をし、お年玉である세뱃돈セベットンをもらいます。

文法&練習コーナー

1 〜아서/어서：〜て、ので、から(原因・理由)

理由や原因を表す連結語尾です。使い方は、動詞・形容詞の語幹末の母音が「ㅏ/ㅗ」の場合は「〜아서」、語幹末の母音が「ㅏ/ㅗ」以外の場合は「〜어서」、「하다」用言の場合は「〜해서」をつけます。また、名詞の場合は名詞の最後にパッチムがあれば「〜이라서」を、パッチムがなければ「〜라서」をつけます。ただし、「〜아서/어서」は命令形や勧誘形、過去形「〜았/었」をつけて使うことはできませんので注意しましょう。

> ① 動詞・形容詞の語幹が陽母音の場合＋아서
> ② 動詞・形容詞の語幹が陰母音の場合＋어서
> ③ 「하다」用言の場合＋해서
> ④ 名詞の最後にパッチムがある場合＋이라서
> ⑤ 名詞の最後にパッチムがない場合＋라서

例 일이 많아서 피곤해요. 仕事が多くて疲れています。
　 수입이 적어서 걱정이에요. 収入が少ないので心配です。
　 운동해서 배가 고파요. 運動したのでお腹がすいています。
　 면세점이라서 가격이 싸요. 免税店なので値段が安いです。
　 연휴라서 시간이 있어요. 連休なので時間があります。

練習1 例のように「〜아서/어서 〜요」に直して言ってみましょう。

> 例 아르바이트를 하다 バイトをする/시간이 없다 時間がない
> → 아르바이트를 해서 시간이 없어요.
>
> ① 취미가 같다 趣味が同じだ/사이가 좋다 仲がいい →
>
> ② 약속이 있다 約束がある/먼저 돌아가다 先に帰る →
>
> ③ 이야기하다 話をする/오해를 풀다 誤解を解く →
>
> ④ 주말 週末/사람이 많다 人が多い →
>
> ⑤ 고속도로 高速道路/빨리 달리다 速く走る →

2 〜을/ㄹ 거예요：〜(する)つもりです(予定)/〜でしょう(推量)

主語が1人称、2人称の場合は「〜(する)つもりです」という意思や予定を表し、3人称の場合は「〜でしょう」という推測の意味を表します。

> ① 語幹にパッチムがある場合＋을 거예요
> ② 語幹にパッチムがない場合＋ㄹ 거예요
> ③「ㄹ」パッチムの場合
>   →「ㄹ」脱落＋ㄹ 거예요

動詞・形容詞の語幹にパッチムがある場合は「～을 거예요」、パッチムがない場合は「～ㄹ 거예요」そして、用言の語幹が「ㄹ」パッチムの場合は「ㄹ」が脱落し「～ㄹ 거예요」がつきます。

例 여권 사진을 찍을 거예요. パスポートの写真を撮るつもりです。(予定)
오늘은 도서관에서 공부할 거예요. 今日は図書館で勉強するつもりです。(予定)
우산은 편의점에서 팔 거예요. 傘はコンビニで売っているでしょう。(推測)

練習2 次の単語に「～을/ㄹ 거예요」をつけて言ってみましょう。

例 한국문화 韓国文化 / 공부하다 勉強する ➡ 한국문화를 공부할 거예요.

① 내일 날씨 明日の天気/좋다 いい(推測) →

② 면접 시험 面接試験/보다 受ける(予定) →

③ 생일 케이크 誕生日ケーキ/만들다 作る(予定) →

3 ～(으)면 돼요/안 돼요 : ～(す)ればいいです/～(し)てはいけません

仮定や条件を表す「～(으)면：～れば・～たら」に、その条件であれば許可や禁止を表す「～돼요/안 돼요」が結合して「～すればいいです」「～してはいけません」の意味を表します。疑問文の場合は「～すればいいですか」となり、語尾を上げて「?」をつけます。形容詞・動詞の語幹にパッチムがある場合は「～으면 돼요/안 돼요」を、パッチムがない場合は「～면 돼요/안 돼요」をつけます。

> 語幹にパッチムがある場合＋으면 돼요(?)/안 돼요(?)
> 語幹にパッチムがない場合＋면 돼요(?)/안 돼요(?)
> 「ㄹ」パッチムの場合＋면 돼요(?)/안 돼요(?)

例 국은 젓가락으로 먹으면 안돼요. スープは箸で食べてはいけません。
5시까지 도착하면 돼요. 5時まで到着すればいいです。

練習3 次の表現に「～(으)면 돼요/안 돼요」をつけて言ってみましょう。

例 여기에 자전거를 세우다 ここに自転車を止める →(되다) 여기에 자전거를 세우면 돼요.

① 도서관에서 음식을 먹다 図書館で食べ物を食べる →(안 되다)

② 여기에 주차하다 ここに駐車する →(되다)

③ 영화관에서 떠들다 映画館で騒ぐ →(안 되다)

会話練習コーナー

練習1 例のように「～ので～です(ます)」の文を作ってみましょう。

> 例) 시간이 남다 時間が余る/영화를 보다 映画を見る
> → 시간이 남**아서** 영화를 **봐요**. 時間が余るので映画を見ます。

① 학교가 멀다 学校が遠い/힘들다 大変だ _____

② 고기를 싫어하다 肉が嫌いだ/야채만 먹다 野菜ばかり食べる _____

③ 장마 梅雨/비가 많이 오다 雨がたくさん降る _____

練習2 例のように「～つもりです(予定)/～でしょう(推測)」の文を作ってみましょう。

> 例) 다음주에 来週に/친구를 만나다 友達に会う(予定)
> → 다음주에 친구를 만날 **거예요**. 来週友達に会うつもりです。
> 화요일에 火曜日に/시험이 있다 試験がある(推測)
> → 화요일에 시험이 있을 **거예요**. 火曜日に試験があるでしょう。

① 새해에는 新年には/담배를 끊다 タバコを辞める(予定)→ _____

② 선생님께 先生に/편지를 쓰다 手紙を書く(予定)→ _____

③ 이 선물이 このプレゼントが/마음에 들다 気に入る(推測)→ _____

④ 내일은 明日は/춥다 寒い(推測)→ _____

練習3 例のように「～ればいいです」「～てはいけません」の文を作ってみましょう。

> 例) 지하철을 타다 地下鉄に乗る → 지하철을 타**면 돼요**. 地下鉄に乗ればいいです。
> 약속시간에 늦다 約束時間に遅れる → 약속시간에 늦**으면 안 돼요**. 約束時間に遅れてはいけません。

① 여기서 내리다 ここで降りる(되다)→ _____

② 내일까지 제출하다 明日まで提出する(되다)→ _____

③ 술을 너무 많이 마시다 お酒を飲み過ぎる(안 되다)→ _____

④ 지각을 하다 遅刻をする(안 되다)→ _____

ハングル能力検定試験対策

覚えよう!! （ハングル能力検定出題単語(5級)）

영국	英国	호주	オーストラリア	노래	歌	설명하다	説明する
미국	米国	독일	ドイツ	음악	音楽	돈을 찾다	お金をおろす
중국	中国	대만	台湾	소리	音	해가 뜨다	日が昇る

チャレンジ!! （ハングル能力検定対策問題）

次の場面や状況において最も適切なあいさつを①〜④の中から1つ選びなさい。

1 電話に出た時

① 어서오세요　　② 많이 드세요　　③ 실례합니다　　④ 여보세요

( )の中に入れるのに適切なものを①〜④の中から1つ選びなさい。

2 선생님! 너무 빨라요. 좀 (　　) 설명해 주세요.

① 빨리　　　　② 천천히　　　　③ 서둘러　　　　④ 또

3 (　　)에서 돈을 찾습니다.

① 학교　　　　② 식당　　　　③ 은행　　　　④ 호텔

4 몸이 안 좋아서(　　　　　　).

① 아르바이트를 합니다　　　　② 학교에 갑니다
③ 안경을 씁니다　　　　　　　④ 집에서 쉽니다

5 A: 주말에는 뭐 할 거예요?　　B: (　　　　　　).

① 해가 뜰 거예요　　　　　　② 기분이 나쁠 거예요
③ 영화를 볼 거예요　　　　　④ 눈이 내릴 거예요

진짜? そうなの?

年齢の数え方には「満年齢」と「数え年」があります。「満年齢」とは生まれた時が0歳で誕生日ごとに年をとりますが、「数え年」では生まれた時が1歳、旧正月を迎えるたびに1つ歳をとります。日本でも古くから数え年が使われていましたが、明治3年施行の「年齢計算に関する法律」によって満年齢を使用することとなりました。数えと満では2歳も違う場合がありますので、韓国人と年齢の話しをするときは、数えなのか満なのかを確かめましょう。

맞-나 (マーンナ) そーなんだ(釜山地域方言)

第16課　따뜻해서 맛있을 거예요

ブラッシュアップ Brushup

□ 読解トレーニング

오늘은 칠월 칠석입니다. 이 날은 견우와 직녀가 일년에 딱 한번 만나는 날입니다. 견우와 직녀는 한국에서도 유명한 옛날 이야기입니다.

견우는 목동이고 직녀는 베를 짜는 일을 하고 있었습니다. 두 사람은 결혼을 했습니다. 견우와 직녀는 사이가 너무 좋아서 일은 하지 않고 매일 놀았습니다. 그래서 하느님이 견우와 직녀에게 벌을 내렸습니다. 은하수를 가운데 두고 두 사람을 떼어 놓았습니다. 그리고 두 사람은 일년에 한 번 칠월 칠석에만 만날 수 있었습니다. 그러나 두 사람은 칠월 칠석에도 은하수 때문에 만나지 못해서 슬펐습니다. 견우와 직녀를 가엾게 생각한 까치와 까마귀들이 하늘로 올라가 서로의 머리로 다리를 만들었습니다. 그 다리 위에서 견우와 직녀는 만날 수 있었습니다. 이 다리를 오작교라고 합니다. 이 날은 비가 내립니다. 그 비는 견우와 직녀가 너무 기뻐서 흘리는 눈물이라고 합니다.

Quiz! 퀴즈 クイズ

上の昔話を読んで、下の記述が正しいものには○を、間違っているものには×を付けてください。

① 오늘은 7월 17일입니다. (　　)
② 견우와 직녀는 부부입니다.(　　)
③ 한국에는 까치와 까마귀가 없습니다. (　　)
④ 까치와 까마귀는 오작교를 만들었습니다. (　　)
⑤ 이 다리를 칠석우라고 합니다.(　　)

단어정리

칠월칠석 七夕	유명한 有名な	서로 お互いに	슬프다 悲しい
견우 牽牛	옛날이야기 昔話	하늘 空·天	까치 カササギ
직녀 織姫	베 麻·麻布	다리 橋	까마귀 烏
목동 羊飼い·牛飼い	결혼 結婚	은하수 天の川	기쁘다 嬉しい
짜는 일 織る仕事	벌을 내리다 罰を下す	만나지 못하다 会えない	올라가다 上がる
사이가 좋다 仲がいい	떼어놓다 引き離す	가엾게 생각하다 可哀想に思う	너무나 あまりにも
하느님 神様	만나게 하다 会わせる		오작교 烏鵲橋

ブラッシュアップ Brushup

□ 聞き取りトレーニング

퀴즈 クイズ

短い文を2回読みます。
(　　)の中に入れるのに適切なものを①〜④の中から1つ選んでください。

❶ 지난 달 (　　)에 영화를 봤어요.
　① 십팔일　　② 십일일　　③ 십오일　　④ 십육일

❷ 어서 오세요. (　　)분이세요?
　① 무슨　　② 몇　　③ 얼마　　④ 무엇

퀴즈 クイズ

問いかけの文を2回読みます。
応答文として最も適切なものを①〜④の中から1つ選んでください。

❸ ① 축구 선수예요　② 영화 감상이에요　③ 우리 오빠예요　④ 저쪽에 있어요
❹ ① 열한명이에요　② 열한분이에요　③ 열한시예요　④ 열한마리에요
❺ ① 친구를 만나요　② 일요일이에요　③ 십이만원이에요　④ 화장실은 저쪽이에요
❻ ① 안녕히 가세요　② 감사합니다　③ 괜찮아요　④ 별거 아니에요

퀴즈 クイズ

対話文を2回読みます。
その内容と一致するものを①〜④の中から1つ選んでください。

❼ 男：
　女：
　① 二人は一緒に夕食を食べます。
　② 二人は一緒に焼き肉を食べます。
　③ 二人は一緒に仕事をします。
　④ 二人は一緒にお茶を飲みます。

❽ 男：
　女：
　① 今日は男性の誕生日です。
　② 明日は女性の誕生日です。
　③ 明日は女性の弟の誕生日です。
　④ 今日は女性の弟の誕生日です。

第16課　따뜻해서 맛있을 거예요

ブラッシュアップ Brushup

퀴즈 クイズ

短い文を2回読みます。
日本語訳として適切なものを①~④の中から1つ選んでください。

❾ ① 家から学校まで遠いです。
② 家から学校まで近いです。
③ 学校は家の近所にあります。
④ 学校は家の向こう側にあります。

❿ ① 風邪で頭が痛いです。
② 病院が嫌いです。
③ 頭が痛くて病院に行きました。
④ 病院から頭痛薬をもらいました。

퀴즈 クイズ

対話文を完成させるのに適切なものを①~④の中から1つ選んでください。

⓫ A: 몇시에 문을 열어요?
B: (　　　　　)
① (　　　　　　　　)
② (　　　　　　　　)
③ (　　　　　　　　)
④ (　　　　　　　　)

⓬ A: 무엇을 타고 가요?
B: (　　　　　)
① (　　　　　　　　)
② (　　　　　　　　)
③ (　　　　　　　　)
④ (　　　　　　　　)

付録

1. 語尾活用のまとめ

項目	使い方	意味	課
−(이)라고 합니다	名詞+(이)라고 합니다	〜といいます	6
−입니다 / 입니까?	名詞+입니다 / 입니까?	〜です/ですか	6
−이/가 아닙니다	名詞+이/가 아닙니다	〜ではありません	7
−예요/이에요	名詞+예요/이에요	〜です	8
−이/가 아니에요	名詞+이/가 아니에요	〜ではありません	8
−이/가 아니라	名詞+이/가 아니라	〜ではなくて	8
−습니다/ㅂ니다	子音語幹+습니다 母音語幹+ㅂ니다 ㄹ語幹+ㅂ니다	かしこまった丁寧形 〜ます、〜です	10
−지만	語幹+지만	けれども	11
−고 있습니다	語幹+고 있습니다	進行、状態 〜しています	11
−지 않습니다	語幹+지 않습니다	〜くありません、 〜ではありません	12
안−	안+動詞・形容詞	〜くありません、 〜ではありません	12
−아요/−어요/해요	陽母音語幹+아요 陰母音語幹+어요 하다用言:하+여요	うちとけた丁寧形(해요体) 〜ます、〜です	13

116

文型	接続	意味	課
-을까요? / -ㄹ까요?	子音語幹+을까요? 母音語幹+ㄹ까요? ㄹ語幹+ㄹ까요?	勧誘・意志の確認 〜しましょうか	13
-으러 / 러	動詞+으러 / 러	〜しに(目的)	13
-으세요 / 세요	子音語幹+으세요 母音語幹+세요 ㄹ語幹+세요	命令・尊敬 〜なさいます 〜してください	14
-네요	動詞・形容詞+네요 ㄹ語幹+네요	〜ますね 〜ですね	14
-지요	動詞・形容詞+지요 名詞+지요 / 이지요	〜でしょう (確認・勧誘)	15
-고 싶어요	動詞・形容詞+고 싶어요	〜したいです(希望・願望)	15
-았/었	陽母音語幹+았+語尾 陰母音語幹+었+語尾 하다用言:하+였+語尾	過去形	15
-아서/어서	陽母音語幹+아서 陰母音語幹+어서 하다用言:하+여서	理由・原因 〜ので、〜から	16
〜을 거예요/〜ㄹ 거예요	子音語幹+을 거예요 母音語幹+ㄹ 거예요 ㄹ語幹+ㄹ 거예요	〜つもりです 〜でしょう	16
(으)면 되다/안 되다	子音語幹+으면 되다(안되다) 母音語幹+면 되다(안되다) ㄹ語幹+면 되다(안되다)	〜ればいい (〜てはいけない)	16

2. 助詞・疑問詞のまとめ

❑ 助詞のまとめとその用例

意味	助詞	用例	意味
は	은/는	이것**은** 일본 지도입니다 누나**는** 대학생이에요	これは日本の地図です 姉は大学生です
が	이/가	비**가** 와요(내려요) 꽃**이** 핍니다	雨が降ります 花が咲きます
を	을/를	영화**를** 봅니다 신문**을** 읽어요	映画を見ます 新聞を読みます
と	① 과/와	교실 안에 의자**와** 책상이 있어요 오늘**과** 내일은 집에서 쉽니다	教室の中に椅子と机があります 今日と明日は家で休みます
	② 하고 (会話体)	양말**하고** 구두를 삽니다 친구**하고** 만나요	靴下と靴を買います 友達と会います
に へ(方向)	으로/로	어느 쪽**으로** 갑니까? 호주**로** 유학가요 서울**로** 가요	どちらの方へ行きますか オーストラリアへ留学します ソウルへ行きます
で(手段)		국은 숟가락**으로** 먹습니다 자전거**로** 학교에 가요	スープはスプーンで食べます 自転車で学校へ行きます
でも か、や	이나/나	영화**나** 볼까요? 과일**이나** 과자를 먹습니다	映画でも見ましょうか 果物やお菓子を食べます
の	의[発音에]	선생님**의** 책입니다 마리코 씨**의** 아버지예요	先生の本です まり子さんのお父さんです
も	도	저**도** 학생입니다 내일**도** 쉬어요	私も学生です 明日も休みます
に (人)に	(位置)에	친구는 도서관**에** 있습니다	友達は図書館にいます
	(時間)에	오후 2시**에** 만납니다	午後2時に会います
	(方向)에	서울**에** 갑니다	ソウルに行きます
	에게/한테	친구**에게** 줍니다 동생**한테** 받았어요	友達にあげます 弟からもらいました
	(尊敬)께	선생님**께** 드립니다	先生に差し上げます
で	(場所)에서	집**에서** 숙제를 합니다	家で宿題をします
から	(場所)에서 (起点)에서	집**에서** 두 시간쯤 걸립니다 두 시**에서** 네 시까지 일해요	家から2時間ほどかかります 2時から4時まで働きます

(人)から	(始発・出発)부터	오늘**부터** 학교가 시작됩니다. 오후 두 시**부터** 수업이 있어요	今日から学校が始まります 午後2時から授業があります
	에게(서)/ 한테(서)	친구**에게(서)** 선물을 받았어요. 언니**한테(서)** 편지를 받았어요	友達からプレゼントをもらいました 姉から手紙をもらいました
まで	까지	오늘**까지** 휴가입니다	今日まで休暇です
より	보다	도쿄가 서울**보다** 따뜻해요	東京がソウルより暖かいです

❏ 疑問詞のまとめとその用例

意味	助詞	用例	意味
いくつ	몇	**몇** 사람입니까?	何人ですか
いくら	얼마	**얼마**예요?	いくらですか
どれくらい	얼마나	**얼마나** 기다려요?	どれくらい待ちますか
いつ	언제	**언제** 와요?	いつ来ますか
どこ	어디	**어디**에 삽니까?	どこに住んでますか
どこで	어디서	내일 **어디서** 만날까요?	明日どこで会いましょうか
だれ	누구	이건 **누구** 거예요?	これは誰のものですか
だれが	누가	**누가** 갑니까?	誰が行きますか
なに	무엇(뭐)	이게 **뭐**예요?	これは何ですか
何を	무엇을(뭘)	**뭘** 찾으세요?	何をお探しですか
何の	무슨	오늘은 **무슨** 요일이에요?	今日は何曜日ですか
なぜ	왜	**왜** 한국어를 공부하세요?	なぜ韓国語を勉強なさいますか
どちら	어느 쪽	**어느 쪽**으로 가세요?	どちらの方へ行きますか
どのように	어떻게	성함이 **어떻게** 되세요?	お名前は何とおっしゃいますか
どんな	어떤	**어떤** 색깔입니까?	どんな色ですか

❏ 日本語と一致しない助詞の用例

日本語	韓国語	用例	意味
〜に会う	〜을/를 만나다	학교 앞에서 친구**를** 만나요	学校の前で友達に会います
〜に乗る	〜을/를 타다	매일 자전거**를** 타요	毎日自転車に乗ります
〜が好きだ	〜을/를 좋아하다	아이스크림**을** 좋아해요	アイスクリームが好きです
〜ができる(可能)	〜을/를 할 수 있다	한국어**를** 할 수 있어요	韓国語が話せます
〜と付き合う	〜을/를 사귀다	여자친구**를** 사귀어요	彼女と付き合います
〜になる	〜이/가 되다	선생님**이** 돼요	先生になります

3. 助数詞のまとめ

❑ 固有数詞に接続する助数詞

~개 ~個(りんご、みかん)	~켤레 ~足(靴、靴下)	~시 ~時(時計)
~장 ~枚(紙、ハンカチ)	~그릇 ~杯(ご飯、お椀)	~시간 ~時間
~명 ~名(人数)	~통 ~通(手紙、書類)	~달 ~ヶ月
~번 ~回(回数)	~병 ~本(ビール、酒)	~대 ~台(車、テレビ)
~벌 ~着(服、洋服)	~갑 ~箱(たばこ)	~마리 ~羽(鳥)
~잔 ~杯(茶、酒)	~송이 ~房・輪(ぶどう・花)	~마리 ~頭(牛、馬)
~번째 ~番目	~다발 ~束(花束)	~그루 ~株(木)
~권 ~冊(本、ノート)	~접시 ~皿	~컵 ~カップ(コップ)、杯

□漢数詞に接続する助数詞

~년 ~年	~개월 ~ヶ月	~박~일 ~泊~日(旅行)
~월 ~月	~주일 ~週間	~번지 ~番地
~일 ~日	~주 ~週	~페이지 ~ページ
~분 ~分(時計)	~점 ~点(成績)	~교시 ~時限(授業)
~초 ~秒(時計)	~킬로미터 ~キロメートル	~과 ~課(レッスン)
~도 ~度(温度)	~리터 ~リットル	~년대 ~年代
~층 ~階	~킬로그램 ~キログラム	~인분 ~人前(焼肉・料理)
~엔 ~円	~원 ~ウォン(韓国の通貨)	~세 ~歳(年齢)

4. 学習単語のまとめ

ㄱ

가게	店
가격	値段
가구	家具
가끔	たまに
가다	行く
가렵다	かゆい
가로수	街路樹
가르치다	教える
가방	カバン
가수	歌手
가슴	胸
가엾게 생각하다	可哀想に思う
가위	はさみ
가족	家族
가짜	偽物
갈 때	行くとき
감기	風邪
감자	ジャガイモ
강	川
강아지	子犬
같이[가치]	一緒に
개	犬
거기	そこ
거리	街
거울	鏡
거짓말[거진말]	うそ
걱정	心配
건너편	向こう側
걷다[걷따]	歩く
걸다	かける
겨울연가	冬のソナタ
결혼(하다)[겨로나다]	結婚(する)
고기	肉
고르다	選ぶ
고마워요	ありがとうございます
고맙다	ありがたい(ㅂ変)
고모	父の姉・妹
고민	悩み
고사리	わらび、ぜんまい
고속도로	高速道路
-고 싶어요	〜したい
고양이	猫
-고 있다	〜ている
고추	唐辛子
고프다	(お腹が)すく(으変)
곰	熊
공	ボール、漢数詞のゼロ
공무원	公務員
공부(하다)	勉強(する)
공원	公園
공항	空港
공휴일	休日
과	〜と
과일	果物
과자	お菓子
관광객	観光客
괜찮아요	大丈夫です
교과서	教科書
교류	交流
교사	教師
교수	教授
교실	教室
교토	京都
구경(하다)	見物(する)
구두	靴
구름	雲
국	スープ
국밥[국빱]	クッパ(スープご飯)
(이)군요	ですね
굴	カキ

궁	宮	끈	ひも
권	～冊	끊다	切る
귀	耳		
귀엽다[귀엽따]	かわいい		**ㄴ**
그	その	나	私
그거	それ	나라	国
그건	それは	나무	木
그것	それ	나비	蝶
그래서	だから、なので	나오다	出る、出てくる
그래요?	そうですか?	나이	歳、年齢
그런데	ところで	나물	ナムル
그럼	(それ)では	나쁘다	悪い
그리고	そして	날씨	天気
그리다	描く	남다	残る
그림	絵	남동생	弟
그 분	その方	남자	男子
그 사람	その人	남자친구	彼氏
그저께	おととい	낮	昼
그 쪽	そちら	내년	来年
근처	近所	내리다	降る、降りる
글쎄요	さあ	내일	明日
금요일	金曜日	내후년	再来年
기다리다	待つ	냉면	冷麺
기온	気温	냉장고	冷蔵庫
기차	汽車	너	君、お前
길	道	너무	とても
김	海苔	너무나	あまりにも
김장	冬越用のキムチ漬け	넋	魂
까마귀	カラス	네	はい
까지	～まで	(이)네요	ですね
까치	カササギ	넷	四つ
같다	同じだ	노래	歌
깨다	壊す・覚める	노란색	黄色
껌	ガム	노크	ノック
께서	(目上の人)が	노트	ノート
께	(目上の人)に	녹차	緑茶
꽃	花	논	田んぼ
끄다	消す	놀다	遊ぶ

付録 123

농담	冗談
누구	だれ
누나	姉
눈	目、雪
눈물	涙
뉴스	ニュース
는	～は
늦다	遅れる、遅い

ㄷ

다니다	通う
다르다	違う・異なる
다다음 달	再来月
다다음 주	再来週
다리	脚、橋
다섯	五つ
다섯 시	5時
다음 달	来月
다음 주	来週
단어	単語
닦다	磨く
닭	鶏
닮다	似る
닭갈비	タッカルビ
달	月
달다	甘い
달다	取り付ける
달리다	走る
닭볶음[닥뽀끔]	鶏肉炒め
담배	タバコ
당근	ニンジン
답장	返信
당신	あなた
대신에	代わりに
대학생	大学生
대만	台湾
더	もっと
덥다	暑い
덥죠?	暑いでしょう
더워요	暑いです
도	～も
도라지	キキョウ
도서관	図書館
도시락	お弁当
도쿄	東京
도자기	陶磁器
도착하다	到着する
독일	ドイツ
돌	石
돌아가다	帰る
돌아오다	帰ってくる
동기	同期
동생	弟/妹
동화책	童話の本
되다	なる
돼지	豚
돼지고기	豚肉
두다	置く
두 그릇	2杯
두 번째	二回目
두 병	2本
두부	豆腐
둘	二つ
뒤	後ろ
뒤꿈치	かかと
드라마	ドラマ
드세요	召し上がってください
듣다	聴く
들다	入る、持つ
등	背中
따로따로	別々に
따뜻하다	あたたかい
딸	娘
때때로	時々
떠나다	離れる・出発する
떠들다	騒ぐ

떡	餅
떡국	韓国式お雑煮
떡볶이	トッポッキ
떼어놓다	引き離す
또	また
뛰다	走る
뜨다	(目を)開く(ㅇ変)

ㄹ

(이)라고 합니다	と申します
라디오	ラジオ
라면	ラーメン
(으)러	〜しに
(으)로	〜で

ㅁ

마시다	飲む
마음	心
마음에 들다	気に入る
마지막	最後
마침	ちょうど
마트	マート
마흔	四十
만나서 반갑습니다	お会いできて嬉しいです
만나게 하다	会わせる
만나지 못하다	会えない
만들다	作る
많다	多い
많아서	多くて
많이	多く、たくさん
말	言葉、馬
말하다	話す
맑다	晴れる
맛없다	まずい
맛있다	おいしい
맛있겠다[마씯껟따]	おいしそう
맛있어요[마씨써요]	おいしいです
맛있지요?[마씯찌요]	おいしいでしょう

맞은편[마즌편]	向い側
매일	毎日
맵다[맵따]	辛い
머리	頭、髪の毛
머리카락	髪の毛
먹거리[먹꺼리]	食べるもの
먹다	食べる
먼저	先に
면세점	免税店
멀다	遠い
면접시험	面接試験
(으)면 안돼요	〜してはいけません
멋있죠? [머씯쬬]	格好良いでしょう
몇 개[면 깨]	何個
몇 마리[면 마리]	何匹
몇 번[면 뻔]	何番、何回
며칠	何日
모두	みんな、すべて
모래	砂
모레	あさって
모르다	知らない、分からない
목	首
목동	牛飼い
목 마르다	のどが渇く
목요일	木曜日
몫	分け前
몸	体
무	大根
무리	無理
무릎	膝
무섭다[무섭따]	怖い
문	ドア
무료	無料
무시	無視
무슨	何の
무엇	何
문	戸
문제	問題

付録

묻다	尋ねる
물	水
물김치	水キムチ
물어보다	尋ねてみる
뭐	何
뭘	何を
미국	アメリカ
미역국	わかめスープ
밑	下

ㅂ

바다	海
바르다	塗る
바지	ズボン
바빠요	忙しいです
바쁘다	忙しい
바쁘지요?	忙しいでしょう
밖	外
밝다	明るい
반달모양	半月の形
받다	もらう
발	足
발표	発表
밤	夜、栗
밥	ご飯
방	部屋
방학	夏休み、冬休み
배	船、腹、梨
배 고프다	空腹だ
배 부르다	お腹がいっぱいだ
배우다	習う
배추	白菜
배춧잎	白菜の葉
백	百
백화점	デパート
뱀	へび
버스	バス
번	～回、～番
벌을 내리다	罰を与える
벗겨지다	はげる
베	麻
별거 아니다	たいしたことではない
병원	病院
보내다	送る
보다	見る、～より
보이다	見える
보리차	麦茶
보통	普通
복	福
볼거리[볼꺼리]	見もの
볼까요?	みましょうか
볼펜	ボールペン
봄	春
부끄럽다	恥ずかしい
부모님	ご両親
부부	夫婦
부엌	台所
부터	～から
부산	釜山
분	～方、～分
불	火
불고기	焼き肉
수건	タオル
수도	首都、水道
수두	水痘
비행기	飛行機
비	雨
비빔밥	ビビンパ
비싸다	(値段が)高い
빗물	雨水
빠르다	速い(르変)
빨리	速く
뻐꾸기	カッコウ
뽀뽀	キス

ㅅ

사과	りんご	세 사람	3人
사귀다	付き合う	셋	三つ
사다	買う	소	牛
사람	人	소금	塩
사람들	人々	소나무 잎	松の葉
사랑	愛	소리	音
사이	中、間	속	内、中
손가락	指	손	手
사이다	サイダー	솜씨가 좋다[조타]	腕が良い・上手だ
사전	辞書	송편	秋夕に食べる餅
사진	写真	쇄도	殺到
사탕	飴、キャンディ	쇠고기	牛肉
산	山	쇼핑하다	買い物する
살다	住む・暮す・生きる	수요일	水曜日
삶다	煮る	어서오세요	ようこそ
삼각관계	三角関係	어제	昨日
삼겹살	(豚肉の)三枚肉	어깨	肩
삼계탕	参鶏湯	수업	授業
삿포로	札幌	수입	収入
새	鳥	숙제	宿題
새해	新年	숟가락	スプーン
생각	思い、考え	쉬다	休む
생각보다	思ったより	쉬어요	休みます
생일	誕生日	쉰	五十
서다	立つ・止まる	쉽다[쉽따]	易しい
서두르다	急ぐ	스물	二十
서로	お互いに	스포츠	スポーツ
서른	三十	시간	時間
서울	ソウル	시계	時計
서점	書店	시끄럽다[시끄럽따]	うるさい
선배	先輩	시래기	白菜を干したもの
선수	選手	시작	スタート
선물	プレゼント	시장	市場
선생님	先生	시키다	させる、注文する
설탕	砂糖	시험	試験
설날	正月	식당	食堂
세계	世界	식사하다	食事する
세다	数える・強い	신문	新聞

신세를 지다	世話になる	알다	知る、分かる
싣다	載せる	앞	前
실례합니다	失礼します	앞으로	これから
실례하다	失礼する	야구	野球
싫어하다[시러하다]	嫌い	야채	野菜
싸다	安い	약	薬、約
쑥	よもぎ	약속	約束
쓰다	書く、使う、かぶる、苦い	양	羊・量
쓰레기	ゴミ	양념	薬味(ヤンニョム)
씨	～さん	양말	靴下
		양산	日傘
	ㅇ	양육	養育
		양쪽	両方
아가씨	お嬢さん	얘기	話
아까	さっき	어느	どの
아뇨	いいえ	어느 것	どれ
아니다	～ではない	어느 분	どの方
아니에요	いいえ	어느 사람	どの人
아래	下	어느 쪽	どちら
아래 층	下の階	어디	どこ
아르바이트	アルバイト	어때요?	どうですか
아름답다	美しい	어떤	どんな
아버지	お父さん、父	어떻게	どのように
아/어서	～ので、から	어렵다[어렵따]	難しい
아이	子ども	어려워요	難しいです
아저씨	おじさん	어머니	お母さん
아주	とても	어울리다	似合う
아침	朝	언니	姉
아프다	痛い	언제나	いつも
아홉	九つ	얼굴	顔
아흔	九十	엄마	ママ
아흔아홉	九十九	없어요	いません/ありません
아빠	パパ	엉덩이	お尻
안	中	에	～に
안경	めがね	에게	～に、～から
안녕하세요	こんにちは	에는	～には
안 되다	できない、だめだ	에서	～で
안 하다	しない	여기	ここ
앉다	座る		

여기저기	あちこち	오사카	大阪
여기서	ここで	오이	きゅうり
여동생	妹	오작교	烏鵲橋
여덟	八つ	오전	午前
여든	八十	오키나와	沖縄
여러분	みなさん	오토바이	オートバイ
여보세요	もしもし	오해	誤解
여자친구	彼女	오해를 풀다	誤解を解く
여섯	六つ	오후	午後
여우	狐	오빠	兄(妹から)
여유	余裕	온도	温度
여자	女子	올라가다	上がっていく・上がる
여행	旅行	올해	今年
역	駅	와	〜と
연구	研究	와인	ワイン
연구실	研究室	왜	なぜ
연세	ご年齢	외국(인)	外国(人)
연필	鉛筆	외교	外交
연휴	連休	외우다	覚える、暗記する
연휴라서	連休なので	외삼촌	母の男兄弟
열	十	외할아버지	祖父(母方)
열	熱	외할머니	祖母(母方)
열다	開ける	왼 쪽	左側
영국	英国	요리	料理
영화	映画	요일	曜日
영화관	映画館	용	龍
옆	横、隣	우리	私たち
예쁘다	綺麗だ	우산	傘
예쁜	綺麗な	우아	優雅
예의	礼儀	우유	牛乳
예순	六十	우체국	郵便局
옛날이야기	昔話	우표	切手
옆집	隣の家	운동	運動
오늘	今日	운동장	運動場
오다	来る	운동해서	運動したので
오렌지	オレンジ	울다	泣く
오른쪽	右側	웃다	笑う
오빠	兄(妹からの)	원숭이	猿

월요일	月曜日	이에요/예요	〜です
위	上・胃	이용	利用
위스키	ウィスキー	이유	理由
위치	位置	이제	もう
웨이브	ウェーブ	이쪽	こちら
유럽	ヨーロッパ	인가요?	〜ですか
유명하다	有名だ	인분	〜人前
유명한	有名な	인사(하다)	挨拶(する)
유학	留学	인사동	インサドン (仁寺洞)
은/는	〜は	일	仕事、事、一
은행	銀行	일곱	七つ
은하수	天の川	일본사람	日本人
(으)ㄹ 거예요	〜つもりです	일어나다	起きる
(을)까요?	〜ましょうか	일하다	働く、仕事する
음료수	飲料水、飲み物	일요일	日曜日
음식	食べ物	일흔	七十
음악	音楽	읽다	読む
의	〜の	입	口
의사	医者	입니다/입니까?	です/ですか
의자	椅子	입다	着る
이	この	있어요?	いますか、ありますか
이	二、歯	잊다	忘れる
이/가	〜が	잎	葉
이/가 아니라	〜ではなくて		
이/가 아닙니다	〜ではありません	**ㅈ**	
이거	これ	자기소개	自己紹介
이건	これは	자다	寝る
이것	これ	자동차	自動車
이게	これが	자리	席
이렇게	このように	자리를 잡다[잡따]	席を取る
이름	名前	자전거	自転車
이모	母の女兄弟	자주	しばしば、よく、頻繁に
이번	今回・今度	작년[장년]	昨年
이번 달	今月	작다[작따]	小さい
이번 주	今週	작은아버지	父の弟
이 분	この方	잔	杯
이 사람	この人	잘 됐다!	よかった
이야기하다	話をする	잘 오셨습니다	ようこそいらっしゃいました

잘 하다	上手だ、よくできる	좋다[조타]	良い
잠	睡眠	좋아하다	好きだ
잡다	つかむ	주다	あげる
잡지	雑誌	주로	主に
장소	場所	주말	週末
장마	梅雨	주문하다	注文する
재미있다[재미인따]	面白い	주부	主婦
재료	材料	주의	注意
재작년[재장년]	一昨年	주제	主題
저	あの、私	주세요	ください
저거	あれ	주스	ジュース
저건	あれは	주전자	やかん
저것	あれ	주차하다	駐車する
저기	あそこ	준비	準備
저 사람	あの人	중국어	中国語
저 분	あの方	중학교	中学校
저쪽	あちら	쥐	ねずみ
저녁	夕方	즐겁다	楽しい
적다	少ない	지각	遅刻
전공	専攻	지구	地球
전부터	前から	지금	今
전체	全体	지난주	先週
전화	電話	지내다	過ごす
젊다	若い	지지난 주	先々週
점심	昼食	지난 달	先月
접다	折る、曲げる	지만	～だが
젓가락	箸	지우개	消しゴム
정도	程度	지 않다	～ではない
정말	本当に	(이)지요?죠?	でしょう
제	私の	지지난 달	先々月
제출하다	提出する	지하철	地下鉄
조선	朝鮮、造船	집	家
조금	少し	짜는 일	織る仕事
조용하다	静かだ	짧다	短い
종아리	ふくらはぎ	쯤	くらい
종이	紙	찌개	チゲ
좁다	狭い	짜다	塩辛い
좋네요[존네요]	良いですね	찌다	蒸す

付録

찍다	(写真を)撮る
찜질방	韓国式サウナ

ㅊ

차표	車や列車など乗りもののチケット
창문	窓
찾다	探す
채소	野菜
책	本
책상	机
체육관	体育館
책을 읽다	本を読む
처음	はじめて
처음 뵙겠습니다	はじめまして
천천히	ゆっくり
청소	掃除
체조를 하다	体操をする
촬영지	撮影地
최고	最高
축구	サッカー
축하	祝い
춘천	春川(地名)
춥다	寒い
춥죠?	寒いでしょう
취미	趣味
취직	就職
치다	打つ、(試験を)受ける
친구	友達
침대	ベッド、寝台

ㅋ

카레	カレー
카메라	カメラ
칼국수	韓国式うどん
커피	コーヒー
커피숍	コーヒーショップ
컴퓨터	コンピュータ
케이크	ケーキ
켜다	(電気を)つける
코	鼻
코카콜라	コカコーラ
코코아	ココア
코트	コート
코피	鼻血
코끼리	像
콜라	コーラ
콘서트	コンサート
콩	豆
크다	大きい
크리스마스	クリスマス
키	身長

ㅌ

타다	乗る
타세요	乗ってください
태국	タイ
테이블	テーブル
텔레비전	テレビ
토마토	トマト
토끼	うさぎ
토요일	土曜日

ㅍ

파도	波
파란	青
파란색	青色
팔	腕、八
팔다	売る
팩스를 보내다	ファックスを送る
편리하다	便利だ
편의점[펴니점]	コンビニ
편지	手紙
포도	ぶどう
풀다	解く
피곤하다	疲れる
피아노	ピアノ

피우다	吸う

ㅎ

하나	一つ
하나도	一つも
하느님	神様
하늘	空、天
하루종일	一日中
하세요	〜してください
학교	学校
학생	学生
한국	韓国
한국말로	韓国語で
한국문화	韓国文化
한국사람	韓国人
한국 생활	韓国の生活
한국어	韓国語
한국영화	韓国映画
한글	ハングル
한 그릇	一杯
한 살	一才
한테	〜に、〜から
할머니	祖母
할아버지	祖父
해	太陽
해외	海外
햄버거	ハンバーガー
허리	腰
형	兄(男の人が呼ぶ時)
형제	兄弟
호주	オーストラリア、豪州
호텔	ホテル
홍대	弘大(弘益大学校)
홍차	紅茶
화요일	火曜日
화장실	トイレ、化粧室
회사	会社
회사원	会社員
효도	親孝行
효자	孝行者
후배	後輩
후지산	富士山
호랑이	虎
휴일	休日
휴지	トイレットペーパー、ゴミ
휴지통	ゴミ箱
흐르다	流れる
흙	土
힘들다	疲れた、大変だ

5. 解答編

❏ ブラッシュアップの解答

55頁
❶ 서울
❷ 춘천
❸ 대전
❹ 인천
❺ 경주
❻ 안동
❼ 부산
❽ 전주
❾ 광주
❿ 제주도

77頁
読解トレーニングの訳

こんにちは。私はイ・ジュンスといいます。
私は韓国大学の学生です。
韓国大学は新川にあります。
私の専攻はコンピューター・グラフィックです。
私の家族は父、母そして姉がいます。
私は蚕室チャムシルに住んでいます。
家から学校までは20分ぐらいかかります。
地下鉄とバスもありますが、主に自転車を利用しています。

読解回答
❶ ×
❷ ×
❸ ○
❹ ×
❺ ○

78頁
聞き取り文章
❶ 저는 한국어를 공부합니다.
❷ 아버지는 신문을 읽습니다.
❸ 누나는 카레를 만듭니다.
❹ 형은 축구를 합니다.
❺ 남동생은 주스를 마십니다.

聞き取り文章
❶ 우리 교실입니다.
❷ 선생님께서 들어오십니다.
❸ 인사를 합니다.
❹ 수업을 시작합니다.
❺ 책을 읽습니다.
❻ 발표를 합니다.
❼ 재미있습니다.

92頁
慣用表現
❶ 結婚する
❷ 試験に落ちる
❸ 決心する
❹ 息が合う
❺ 顔が広い
❻ 優柔不断だ
❼ 頭に来る
❽ 海外生活を経験する
❾ 口が軽い
❿ 学歴が高い
⓫ うまが合う
⓬ 気が利く

105頁
過去形解答
❶ 이었습니다
❷ 다녀왔습니다
❸ 걸렸습니다
❹ 먹었습니다
❺ 갔습니다
❻ 아름다웠습니다
❼ 많았습니다
❽ 돌아왔습니다
❾ 찍었습니다
❿ 좋았습니다

106頁
❶ ②
❷ ③
❸ ②
❹ ④
❺ ①
❻ ②
❼ ①
❽ ③
❾ ④
❿ ①
⓫ ①
⓬ ①
⓭ ②
⓮ ②
⓯ ④

112頁
読解トレーニングの訳
今日は七夕です。この日は牽牛と織姫が一年に一回会う日です。牽牛と織姫の物語は韓国でも有名です。

牽牛は牛飼いで、織姫は機織りをしていました。二人は結婚をしました。牽牛と織姫はとても仲が良くて、仕事もせずに毎日を遊んでばかりしていました。それで、神様は牽牛と織姫に罰を与えました。天の川を間に二人を離しておきました。そして、二人は一年に一回だけ、七夕の日に会うことが許されました。しかしながら、二人は七夕の日にも天の川のせいで会うことが出来なくて悲しかったです。牽牛と織姫のことを可哀想に思っていたカササギとカラスたちは、空に上り頭と頭を繋ぎ合って橋を作りました。その橋の上で二人は会えました。この橋のことを烏鵲橋といいます。この日は雨が降ります。その雨は牽牛と織姫があまりにも嬉しくて流す涙だと言われています。

読解解答
❶ ×
❷ ○
❸ ×
❹ ○
❺ ○

113頁
聞き取り文章
❶지난 달 십육 일에 영화를 봤어요.
❷어서 오세요. 몇 분이세요?
❸취미가 뭐예요?
❹지금 몇 시예요?
❺이거 얼마예요?
❻죄송합니다.
❼男:커피를 시킬까요
　　女:전 홍차를 마시고 싶어요.
❽男:누구 선물이에요?

女：내일이 제 동생 생일이에요.

聞き取り解答

❶ ④
❷ ②
❸ ②
❹ ③
❺ ③
❻ ③
❼ ④
❽ ③

114頁

聞き取り文章

❾ 집에서 학교까지 가깝습니다.
❿ 머리가 아파서 병원에 갔습니다.
⓫ ①일요일은 문을 안 열어요.
　②지금은 열한 시 오십 분이에요.
　③아홉 시까지입니다.
　④월요일에 문을 닫아요.
⓬ ①차가 없어요.
　②비행기는 비싸요.
　③지하철로 삼십 분 정도 걸립니다.
　④기차를 타고 갑니다.

聞き取り解答

❾ ②
❿ ③
⓫ ①
⓬ ④

❑ **ハングル能力検定対策問題解答**

第6課

❶ ②
❷ ③
❸ ①
❹ ③
❺ ③

第7課

❶ ②
❷ ③
❸ ④
❹ ①
❺ ②

第8課

❶ ③
❷ ①
❸ ④
❹ ③
❺ ④

第9課

❶ ②
❷ ①
❸ ③
❹ ②
❺ ④

第10課

❶ ④
❷ ①
❸ ②
❹ ③
❺ ①

第11課

❶ ③
❷ ②
❸ ④

4️⃣ ①
5️⃣ ②

第12課
1️⃣ ④
2️⃣ ②
3️⃣ ③
4️⃣ ③
5️⃣ ②

第13課
1️⃣ ③
2️⃣ ②
3️⃣ ③
4️⃣ ④
5️⃣ ②

第14課
1️⃣ ④
2️⃣ ③
3️⃣ ④
4️⃣ ②
5️⃣ ③

第15課
1️⃣ ③
2️⃣ ③
3️⃣ ②
4️⃣ ③
5️⃣ ①

第16課
1️⃣ ④
2️⃣ ②
3️⃣ ③
4️⃣ ④
5️⃣ ③

ハングル発音表

❏ 子音字母の発音

	ㄱ	ㄴ	ㄷ	ㄹ	ㅁ	ㅂ	ㅅ	ㅇ	ㅈ	ㅎ
平音	[k/g]	[n]	[t/d]	[r/l]	[m]	[p/b]	[s]	[無音]	[j]	[h]
激音	ㅋ	―	ㅌ	―	―	ㅍ	―	―	ㅊ	―
	[k^H]		[t^H]			[p^H]			[ch^H]	
濃音	ㄲ	―	ㄸ	―	―	ㅃ	ㅆ	―	ㅉ	―
	[kk]		[tt]			[pp]	[ss]		[zz]	

❏ 母音字母の発音

	ㅏ	ㅓ	ㅗ	ㅜ	ㅡ	ㅣ	ㅔ	ㅐ
ア	[a/ア]	[ō/オ]	[o/オ]	[u/ウ]	[ū/ウ]	[i/イ]	[e/エ]	[ē/エ]
ヤ	ㅑ	ㅕ	ㅛ	ㅠ	―	―	ㅖ	ㅒ
	[ya/ヤ]	[yō/ヨ]	[yo/ヨ]	[yu/ユ]			[ye/イェ]	[yē/イェ]
ワ	ㅘ	ㅝ	ㅙ	ㅞ	ㅚ	ㅟ	ㅢ	―
	[wa/ワ]	[wō/ウォ]	[we/ウェ]	[we/ウェ]	[we/ウェ]	[wi/ウィ]	[ūi/ウイ]	

❏ パッチム(終音)の発音

代表音	発音	一つ子音字母のパッチム	二つ子音字母のパッチム
① ㄱ	[-k]	ㄱ・ㅋ・ㄲ	ㄳ・ㄺ
② ㄴ	[-n]	ㄴ	ㄵ・ㄶ
③ ㄷ	[-t]	ㄷ・ㅌ・ㅅ・ㅆ・ㅈ・ㅊ・ㅎ	―
④ ㄹ	[-l]	ㄹ	ㄼ・ㄽ・ㄾ・ㅀ
⑤ ㅁ	[-m]	ㅁ	ㄻ
⑥ ㅂ	[-p]	ㅂ・ㅍ	ㄿ・ㅄ
⑦ ㅇ	[-ng]	ㅇ	―

※ 本書では、国際音声記号に依拠した一般的な発音記号とは多少異なる、独自の「ローマ字表記」及び「カナ記号」を使用しています。

ハングル文字(カナダラ)表

	ㅏ	ㅑ	ㅓ	ㅕ	ㅗ	ㅛ	ㅜ	ㅠ	ㅡ	ㅣ	ㅐ	ㅔ
ㄱ	가 カ	갸 キャ	거 コ	겨 キョ	고 コ	교 キョ	구 ク	규 キュ	그 ク	기 キ	개 ケ	게 ケ
ㄴ	나 ナ	냐 ニャ	너 ノ	녀 ニョ	노 ノ	뇨 ニョ	누 ヌ	뉴 ニュ	느 ヌ	니 ニ	내 ネ	네 ネ
ㄷ	다 タ	댜 ティヤ	더 ト	뎌 ティヨ	도 ト	됴 ティヨ	두 トゥ	듀 ティユ	드 トゥ	디 ティ	대 テ	데 テ
ㄹ	라 ラ	랴 リャ	러 ロ	려 リョ	로 ロ	료 リョ	루 ル	류 リュ	르 ル	리 リ	래 レ	레 レ
ㅁ	마 マ	먀 ミャ	머 モ	며 ミョ	모 モ	묘 ミョ	무 ム	뮤 ミュ	므 ム	미 ミ	매 メ	메 メ
ㅂ	바 バ	뱌 ビャ	버 ボ	벼 ビョ	보 ボ	뵤 ビョ	부 ブ	뷰 ビュ	브 ブ	비 ビ	배 ベ	베 ベ
ㅅ	사 サ	샤 シャ	서 ソ	셔 ショ	소 ソ	쇼 ショ	수 ス	슈 シュ	스 ス	시 シ	새 セ	세 セ
ㅇ	아 ア	야 ヤ	어 オ	여 ヨ	오 オ	요 ヨ	우 ウ	유 ユ	으 ウ	이 イ	애 エ	에 エ
ㅈ	자 チャ	쟈 チャ	저 チョ	져 チョ	조 チョ	죠 チョ	주 チュ	쥬 チュ	즈 チュ	지 チ	재 チェ	제 チェ
ㅊ	차 チャ	챠 チャ	처 チョ	쳐 チョ	초 チョ	쵸 チョ	추 チュ	츄 チュ	츠 チュ	치 チ	채 チェ	체 チェ
ㅋ	카 カ	캬 キャ	커 コ	켜 キョ	코 コ	쿄 キョ	쿠 ク	큐 キュ	크 ク	키 キ	캐 ケ	케 ケ
ㅌ	타 タ	탸 ティヤ	터 ト	텨 ティヨ	토 ト	툐 ティヨ	투 トゥ	튜 ティユ	트 トゥ	티 ティ	태 テ	테 テ
ㅍ	파 パ	퍄 ピャ	퍼 ポ	펴 ピョ	포 ポ	표 ピョ	푸 プ	퓨 ピュ	프 プ	피 ピ	패 ペ	페 ペ
ㅎ	하 ハ	햐 ヒャ	허 ホ	혀 ヒョ	호 ホ	효 ヒョ	후 フ	휴 ヒュ	흐 フ	히 ヒ	해 ヘ	헤 ヘ

著者略歴

金　京姫（キム・ギョンヒ）

韓国釜山生まれ
筑波大学大学院芸術学研究科 博士後期課程単位取得退学
現在、北九州市立大学・久留米大学・九州産業大学などで韓国語担当(非常勤講師)

金　成妍（キム・ソンヨン）

韓国釜山生まれ
九州大学大学院比較社会文化学府 博士後期課程修了(比較社会文化博士)
現在、玖珠町久留島武彦研究所所長
　　　立命館アジア太平洋大学などで韓国語担当(非常勤講師)

姜　信一（カン・シンイル）

韓国ソウル生まれ
元松江市国際交流員(CIR)
九州大学大学院法学府 博士後期課程単位取得退学
現在、九州国際大学法学部准教授

スマート韓国語　初級(ハングル能力検定試験5級対応)

2014年 3月 3日　初版発行
2017年 3月 30日　２刷発行

著　者　金京姫・金成妍・姜信一
発行者　佐藤康夫
発行所　白帝社
　　　　〒171-0014 東京都豊島区池袋2-65-1
　　　　電話 03-3986-3271　FAX 03-3986-3272
　　　　http://www.hakuteisha.co.jp/
組版　世正企劃
印刷　平文社　　製本　若林製本所

Printed in Japan 〈検印省略〉　　ISBN 978-4-86398-158-4
　　　　　　　　　　　　　　　＊定価は表紙に表示してあります。